天才はあきらめた

山里亮太

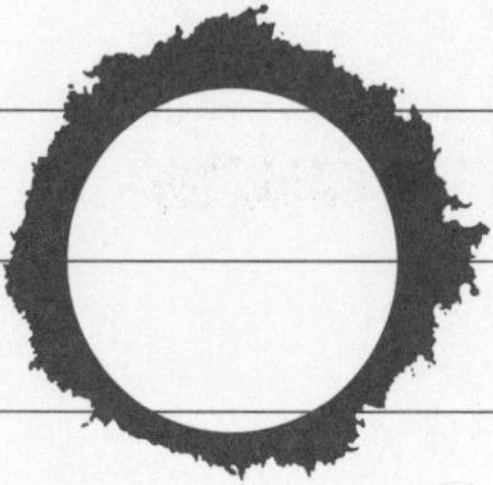

朝日文庫

天才はあきらめた

山里亮太

朝日文庫

本書は二〇〇六年十一月に小社より刊行された『天才になりたい』を改題し、大幅に加筆・修正したものです。

はじめに

『天才になりたい』を書いたときから12年が経つ。当時の僕は、まだどこかに「ひょっとしたら自分って天才になれる日が来るのでは？」という淡い期待を抱いていた。

今回、そんな当時の僕に現在の僕がタイムマシーンに乗ってこれから起こることを丁寧に教えてあげるようなイメージで、新たに加筆修正をした。

教えてあげよう。12年前の僕に……。

当時の絶望、嫌いな奴にされた仕打ち。そして、そんな出来事に直面して抱いた自己嫌悪になるほどの僕の卑しい感情たちも、全て燃料にできるぞと。

天才はあきらめた。だけどその瞬間、醜い感情は一気に自分の味方になった。その感情を燃料に変換させるワザを使うことで、努力というしんどい行動が簡単にできるようになったから。

これまで壁にたくさんぶつかってきたけれど、後々考えると、それらは全て努力によって自分の劣等感を拭い去らせてくれる最高の存在だった。

努力は、そのご褒美に必ずいろいろな景色を見せてくれる。努力を止めた瞬間に失うものの大きさもしっかりとわかった今だからこそ、心からそう思う。

だからといって、頑張って努力すれば大丈夫！なんてことは言わない。頑張れの押し売りほどタチの悪いものはない。

僕はいつも自分にこう言い聞かせている。

自分を「頑張れなくさせるもの」を振り切って、全力で走れ！

そんなものからは、逃げて逃げて逃げまくれ！

そのためのガソリンとして、自分が味わった苦しい感情を全部使え！

嫌いな奴を燃料にして、脳内で圧倒的な勝利を摑め！

今日も僕は、勝手に認定した敵やライバルを脳内で燃料にして走り続けている。

天才はあきらめたから、何の苦でもない。

読んでいて、嫌な奴だなぁと思うところもたくさん出てくると思う。

どうか、必死でもがいた男の姿だとお許しください。

天才はあきらめた

目次

第1章 「何者か」になりたい

第2章 スタートライン

第3章　焦り

第4章　有頂天、そしてどん底

天才はあきらめた

プロローグ

気づくと身に覚えのないピザを食べた跡が目の前にあった。食べた記憶は全くないのに、デリバリーのピザの空き箱がある。そんな夜が時々あった。

後で気づいた。ご飯を食べているときなら仕事のことを考えなくていいというルールが自分の中で勝手に生まれていたのだ。僕はそのルールを強引に使って、ほぼ無意識で家にいるときに、少しでも仕事を考えないようにしていた。

いつの間にか、仕事現場と関係ない実家方面の電車に乗っていたときもあった。どんなに「自分はこの世界に向いている」とか言い聞かせようとしても、無理だった。

2005年のM‐1グランプリで最下位となった直後、僕は完全に負の感情に包まれていた。

「僕はおもしろくない」

「去年の準優勝はたまただ。メッキがはがれたってみんな言ってるだろう」

電車のきしむ音さえ悪口に聞こえた。

それくらい僕は勝手に悲劇のヒーローを気取り、自分で自分を追い詰めていたのだった。

そして悩んでいる時間を肯定していた。自分が駄目だと身に沁みさせることを正当化していた。

こんなときみたいに、成長を望んでないときの悩みは、僕を悪いところへ引っ張り続ける。

そして僕は思った。

「辞めよう」と。

第1章

「何者か」になりたい

「モテたい」という隠れ蓑

自分は何者かになる。そんな、ぼんやりだけど甘い夢のような特別な何かを容易に見つけられて、何者かにたどり着くため必要な労力を呼吸するようにできる人、それが天才なんだと思う。

でも、昔から僕はハッキリわかっていた。「自分はそうじゃない」。この自覚は、自然と努力へのブレーキを強めてしまう。さぼる言い訳にしてしまうし、最悪は止めてしまう。

だからといって天才を目標にするのはおこがましい。だって僕は普通の人だし。

だけどどうしても何者かになりたい。

そんな僕は、「自分は天才じゃない」という自覚を強制的に消して、すごいところを目指さなくちゃいけなかった。「あいつには才能がない」と誰にもバレないように、天才が自然にしていることをやり遂げる必要があった。

そして自分をその「何者か」に連れて行ってくれたのは、この感情だった。

モテたい。

皆さんもあるでしょうか？　あまりにモテたくて、体中をかきむしりながら眠る夜。

皆さんもあるでしょうか？　モテるためになぜか大正琴を始めるという迷路に入ってし

まうこと。

嫉妬に身を焦がし、街ゆくカップルがいちゃつきだしたら、すぐ後ろで電話でカップルに聞こえるくらいの声で風俗の予約を取って雰囲気をぶち壊してみたり、デートスポットにタバコと花を添えて、「そこで何かがあったんじゃないか？」という空気を作ったり、嫉妬も行き過ぎて動物の交尾シーンを見て言いようのない敗北感に襲われたりするときもあった。

僕にとって「モテたい」という感情は、すごい力を発揮してくれた。馬の前に人参をぶら下げて走らせるたとえで言ったら、僕にとって「モテたい」ってやつは人参でも無農薬有機栽培の人参、グルメレポーターが食べたら、「これはフルーツですか？」とよくわからないけど何かすごそうみたいなコメントを言ってしまう程の人参だった。

普通の僕が目指すことを許される「モテたい」というオーソドックスな目標は、どんな苦労でも自分がゴールに向かって進んでいる感覚を味わわせてくれた。「面倒くさい、しんどい」と頭がたくさんの言い訳を仕掛けてきても、そんな誘惑を壊し「何かいいことをやってる」という気持ちにさせてくれた。

例えば僕なんかがやったのは、モテるために手相教室に通ったり（確実に手は触れるんでお得）、格好いいエピソードが欲しいという理由だけで単身イタリアに行ったり……。

「モテたい」を隠れ蓑《みの》にした「何者かになりたい」という感情は恐るべき燃料となっていた。

「何者かになりたい」という目標を掲げると挫折が早くに来る。だからこそ手前、もっと手前……そしてたどり着いたのが「モテるために」だった。

四の五の言ってるが、モテたかったのは紛れもない事実なので非常に合理的な中間ゴールが設定できた。

そして目標は、モテるために芸人になる、に決めた。

「何者かになる」という夢のゴールを隠し持った「モテたい」というパワーは、わかりやすく絶大だった。

高校卒業と同時にお笑いの養成所に行きたいと親に告げたとき、「やめなさい、今まで一緒に暮らしたけど、お前でそこまで笑ったことはない」と言われたときも、もし仮に僕が「お笑いで天下をとってやる」くらいの高めのゴールを目指していたら、この言葉にやられていたかもしれない。

けれど、僕のゴールは「芸人になってモテたい」というもっと手前にある。だから、躊躇《ちゅうちょ》することなく親にも食い下がれた。

「モテるため」という人参は芸人を本格的に目指し始めてからも、大きな効果を発揮した。吉本興業の養成所を出たころ仕事がないときも、エキストラで呼ばれて朝6時くらいから夜中までギャラなしでひたすら立っているだけのときも、バイト先で酔った客に「お前は売れない」と書いたばかりのサインを目の前で破られたときも、全部耐えられた。

天才が一番の世界で生きていかなければいけないのに、天才じゃない人間の逃げ道。「モテたい」という聞こえは不純な動機でも、僕にとってはスタートラインに立たせてくれる貴重なキッカケだったのだ。

これから、芸人を目指していくうえで僕をいろんなものから守ってくれた〝装備〟について書いていきたいと思う。それをどう見つけ、どう身につけたか。そして時には「やられ方」なんかを、自分のこれまでの芸人人生の中からもう一度探してみたいと思う。

母ちゃんの「すごいねえ」

芸人を目指すと決めて、ふと冷静に自分を振り返ってみた。

スターが持っているような伝説的な武勇伝もなければ、誰もが驚く話ができるほど家庭環境が複雑だったわけでもない。わかりやすい核家族だ。

大丈夫か？　頭があきらめさせる要素をどんどんと用意してくる。どうする？　探そう。目指してもいいという許可証になるようなことは、小ぶりながらもいくつかはあったはず。

この道に進みたいと思わせる出来事たちは、例えば小学校5年生のとき……。

僕はコロッケさんが大好きで、中でも千昌夫《せんまさお》さんのモノマネが大好きで、ひたすら練習していた時期があった。クオリティーとしては僕の千昌夫さんはセリフをなぞるだけのモノでモノマネと呼べる代物ではなかったが、このモノマネが家族内でウケた。親戚内でもウケた。おばあちゃんなんかは、やるたびにおひねりをくれた。そのおひねりシステムの導入を受け、僕に千昌夫さんバブルが来たくらいに。

そしてその姿を見た母親が、僕が小学5年生のときにテレビ番組の子役のオーディションに勝手に応募した。

いざオーディション当日、会場で僕は「これが場違いってやつか！」と声に出したいくらいだった。僕以外は全て劇団や事務所の子ばかり。しかもオーディションの常連らしく母親同士も知り合いになっていて、情報交換なんかしていた。いわゆるステージママという人たちがたくさんいた。会話も「今回のオーディションはあそこの劇団の子が有利らしいわよ」とか「前回あの番組に出たときは誰々によくしてもらった」とかを慣れた感じで喋っていた。なんとも都会的に洗練された感じの、子供の僕でもわかるくらいの派手な気合の入った衣装を着たマダムたちだった。

横を見ると、母親は兄ちゃんの卒業式のときに着ていた地味なスーツ。僕と母ちゃんは壁と同化してしまったのか？ってくらい、マダムたちは僕らを通り越して会話していた。

スタッフさんっぽい人が来るたびにマダムたちは子供に挨拶させていた。子供も子供でその空気がごく当たり前のように落ち着き、親から教えられたであろう可愛く子供らしく見える挨拶をする。ふと周りを見ると、いたるところで子供たちが歌を歌ったり、習わされているであろうバレエの練習をしたり、中には親が面接官役をやってシミュレーションをしてる子もいた。

完全なる一般人山里少年は委縮しまくりでそこにいた。できることは、もじもじすることと、脳内でひたすら後ろ向きな会議をすることのみ。

どうする？　僕は似てない千昌夫さんの真似だけで来てしまった。勝てるはずがない。出すか？　エマニエル坊やを……。いや、無理だ。何がある？　何もない……。どんどんとその場にいることが恥ずかしくなってきた。

面接までにいったん休憩の時間になった、マダムと子供たちはどうやら行きつけのおしゃれなカフェに皆で行くみたいだった。

僕と母親は2人でテレビ局の近くのファストフード店に行ってハンバーガーを食べた。異様にむなしかったのを覚えている。なんだか母親にも惨めな思いをさせてるんじゃないかともものすごく悲しい気持ちになった。そんな僕に母親は満面の笑みで言った。

「あんたすごいねぇ。他の子みたいにお金かけてるわけじゃないのに勝負できるなんて、偉い」

母ちゃんは、信じられないところから褒め言葉を持ってくる。

学校でも、僕がめちゃくちゃ怒られているところを見て「反省してる感じ出すのうまいねぇ」という褒め言葉で引き取っていってくれたときもあった。

僕が絵に描いたような肥満児だったとき、デパートに服を買いに行って試着した際にキングサイズというのが入らなくて顔を真っ赤にしていると「あんたすごいねぇ！　洋服屋さんが一番大きいと思ってるよりも大きいんだって！　すごいねぇ」と、言葉を「すごい」というオブラートに強引にくるんで出してくる。

クラスで唯一高校受験に失敗したとき、1人皆に気を遣って先に帰ってきたときも「あんたがいたら盛り上がりづらいもんねぇ。そういう気が遣えるところ偉いねぇ」と褒めてきて、あとは受験のことは何も触れずに、僕が大好きなカレーライスを作りに台所に戻っていった。余談だが、先日母親と2人で旅行に行った際にこのときの話になり、実は台所で泣いていたという話を聞いたときは驚いた。「あんなに勉強をしていたのに、かわいそうでねぇ……」とまた涙ぐんでいた。

さて、オーディションの結果はなんと合格。スタッフさんからの質問、「毛深くて悩んでる女の子にアドバイスしてあげて」に対して「贅沢言うな！　うちのじいちゃんには何もないんだぞ」とかいった答えが、大人たちの心にクリーンヒットしたようだった。

昔、母ちゃんが学校に呼び出されて、先生から「亮太君はすぐ嘘をつくんです」と言われたことに対して、「どんな嘘ですか？」と聞き返し、詳細を聞いての母親の第一声が「先生、それ傑作ですね。亮太、聞かれてすぐに何か言えるって、しかも作って言えるってすごいねぇ」というやり取りで先生を呆れさせていた。

あのときの「偉いねぇ」が面接での結果を導いてくれたのではないかな？と思い出す。

出演が決まった番組の内容は、子供同士のフィーリングカップル5対5みたいなやつだった。いざ本番では、もっと小さい子供たちの天真爛漫《らんまん》さに歯が立たず惨敗。自分ってそんなにおもしろくはないんだなぁとぼんやり傷ついた。

しかし、母親は観覧のスタジオの席に座った感動を何度も語り、「ここに連れてきてくれてありがとう！」と何度も何度も言ってきた。「駄目だったかな？」の確認なんて入る隙間がないくらいに。

ところが放送後、団地中が沸いた。商店街が沸いた。とにかくすごい人気で、どこいっても「千昌夫の子！」とか呼ばれちゃほやされた。

うーん、しかし団地と商店街じゃあまだまだか……。このほかには、確かに僕は学校で目立っていた訳でもないし、これといってとりえはない。武器になりそうなものなんて何もない。

自慢できるものは部活のバスケットボールを皆勤賞ってことくらい。だけど試合に出たことがないっていう残念なオプション付き。

正確に言うと試合には1回だけ出ている。高校最後の引退試合、試合時間残り20秒のところで後輩が怪我、そこに監督から「山里行けるか？」。

感動した。見ていてくれたんだなと、笑顔をかみ殺しながら着ていたジャージを脱ぎ、バスケットシューズの紐をきつく結ぶ。

と、そのとき監督が一言。「山里ボールにさわるな！」。

僕もテンション上がりきっているせいか、大きい声で「はい！　ゲームに関わりません！」と全力でネガティブな返事をしてコートへ。

それだけでも残念な少年だったのだが、もっと残念なのは、今まで一緒にプレーしてきた仲間が僕のことを思って出してくれたラストパスを、先生の言いつけを守ってなんの躊躇もなくよけてしまったこと。

このときの自分は、まだ芸人というスタートラインに立てるほどには強くなかった。

さて、そこからどうやって前に進んでいくのか……。

「お笑いやってみたら」

幼いころは薬剤師を目指していた。母親が薬局に勤めていたのを見ていて、安いパート代で働いていた母親を喜ばせたかった。だから理系に進まなきゃいけなかったのに、高校2年の進路の選択のとき好きだった女の子が文系にすると聞いて、僕のペンはなんのためらいもなく文1に丸をした。なのに結局その子への恋心は実らなかった。

こうして小さいころから持っていた将来の夢を捨ててしまった高校時代の山里少年は、わかりやすく将来に迷っていた。その当時の僕の頭の中は「普通の仕事はしたくねー」「人とはなにか違うことやりてぇ」「モテてぇ」と、目標というにはぼんやりすぎるものだけを持っていた。

そんな僕にも親友と呼べる男はいた。なめちゃんという、決して人前にがんがん出るようなタイプではないが、ぼそっと言う一言がおもしろかったり、マイナーなおもしろいものを見つけては僕に紹介してくれたり、深夜ラジオの投稿でめちゃくちゃはがきが採用されていたり、とにかくおもしろい男だった。僕たちの主戦場の〝教室の隅っこ〟で、なめちゃんはクラスの人気者によるトークショーをBGMに、僕がニヤニヤするトークをずっとしてくれていた。

そんなある日、いつもの教室の隅っこでなめちゃんはニヤニヤしながら僕に言った。

「山ちゃん、時々おもしろいこと言うからお笑いやってみたら」

なめちゃんからすれば、それは何気ない日常の会話のうちの一つだったのかもしれない。

しかし、まだ将来の夢に迷っていた山里少年にはキラキラ輝いた選択肢になった。何者かになりたいという欲求に一番見合った夢の選択肢、それが現れただけでものすごく幸せな気持ちになった。

でもそのとてつもないゴールを目指すほどの自信はもちろんない。けれどせっかく見つけたスタートラインに自分が立つためにやったこと、それは「偽りの天才」を作ることだった。

ずっとおもしろいと思っていたなめちゃんからの「時々おもしろいから」というお墨付きを最大限に評価して、僕はお笑いを目指すことにした。

あとはその「時々」を思い出して、それを噛みしめて、自分がおもしろい人間なんだと思い込ませていく作業をする。そういえば部活でも、皆がポジションを発表されているとき、僕に与えられたのはボイスリーダーというよくわからないポジションで、オリジナルの応援コールを作らされて、それが評判になって、ほかの学校の生徒がわざわざ観に来ていたなぁとか、バレずに悪口を言うために先生につけたあだ名が結構ウケたなぁとか。

それを思い出して、あたかも自分は笑いを目指すべくして目指していると思い込ませていった。

どんな些細なことでも、小さい自信を張り付けていく。それを繰り返していくと、結構立派な張りぼてが作られていった。「張りぼての自信」の完成。この張りぼての自信は、「俺なんて……」というあきらめさせ界のスーパーエースの攻撃も見事に跳ね返し続けて、お笑い芸人への夢に向かわせてくれたのである。

全ては芸人になるために

この「張りぼての自信」は、僕のように夢へのスタートにおいて絶対の自信を持っていないタイプの人間には、なかなかどうして活躍してくれる奴だった。

当時、僕は全ての行動に「お笑い芸人になるために」という意味付けをしていた。本来なら遊びとしてカウントされる映画観賞も、見終わったあとにノートに気に入った言葉と、その言葉をどこで使ったらおもしろいかをメモして役に立てようとした。そうしたら罪悪感も消えるし、むしろ自分を褒めたくなった。

極端に関係ないことでも、芸のために結び付けられるともっと自分を褒めたくなった。例えば、壁のシミなどを見つめて、そのシミが何かの形に見えるかを考える脳のトレーニングがあると聞いてから、僕はトイレに入ったときは必ず壁のシミから何かを5個見つけるまで出ないというルールを課した。

たいして意味はないかもしれないけれど、そうすると「俺、こんなときでもお笑いのためにやってる！　俺って偉くない？」と、自画自賛で自信を貯金できた。ただ、やみくもにこじつけずに、ちゃんと納得させる結び付け方と成果を手にしなきゃいけない。自分の行動をしっかり目的に結び付けて、褒めてあげる。この小さな繰り返しは大きな自信になった。

今でもこの自信貯金の癖はしみついていて、電車で喋っていたら後ろの女の子が笑っていたな、とか、合コンの第一印象ゲームは0票だったのに第2印象ゲームではその日一番のかわいい子が僕を指名したな、とか……。あとは、ストレートに人に褒められたときを思い出す。そのときは謙遜しているが、張りぼての自信銀行・山里支店にはしっかりと貯金されている。

　その貯金を、目標に向かう途中で、壁にぶつかるたびに使う。僕の前に頻繁に壁が建設されるのは、例えば「天才」の存在に畏怖してお笑いに向いてないと思い知らされるとき。テレビでお笑いを腹を抱えて笑って見てるとき。自分には思いつかないようなことをしてる人たちをたくさん見るとき。期待されていないと感じたとき。お笑いのためにやった行動が全く笑いを生まなかったとき。

　こういう「自分って駄目なんだなぁ……」という無駄な悩み時間をスタートさせてしまいそうなとき、この貯金をちょっとずつ崩して自信を保っている。

　僕は、くよくよタイムを短くすることがいかに大事かを自分に言い聞かせた。このくよくよタイムを早く終わらせられるほど、「自分はスゴイ!」と褒めてあげられた。そしてその勢いで簡単な作業をやる。すると普通にこなすより頑張ってる感が出て、ご機嫌で作業ができた。自分の中でこのルールはとても役に立った。

　芸人を目指すことを親に告げたとき、親が出してきた条件は「関西の人が、『いい大学ですね』っていう大学に行くなら大阪行きを許す」ということだった。

こうして創り上げられた自信のおかげで、逃げることなく目指すことができたお笑いの道。その第一歩、「大阪に行く」。だけど現役での受験は全敗だった。そして始まった浪人編、少しお聞きください。

予備校というのは結構お金がかかる。親への軽い罪悪感から早朝のビラ配りのバイトをしながら通っていた。

ま、バイトは「雨が降ったらお休みで」というハメハメハ大王的なスタイルでしたが、浪人時代の生活はいたってシンプル、朝7時から2時間ほどビラを配り、それが終わると予備校の自習室に行き予備校の終わる夜10時まで勉強をし、家に帰ってまた勉強する。ただそれだけだった。

受験勉強をさぼりそうなときは、張りぼての自信が「お笑い芸人になるべくして生まれたお前が、これくらいであきらめていいのか?」と語り掛けてくれて、一度入った布団から飛び出し勉強を再開させてくれたときもあった。

自習室とかで男女のグループが盛り上がっているのを見ては「そのキャッキャが全ての成功への大ブレーキとは知らずに、愚かだ。その点俺は……」と勝手に燃料にして優越感に浸っていた。そうやってとにかく勉強した。

「何者かになるために」をいろいろな行動に結びつけて頑張っていると、目的に向かってスピードが上がっていくのを感じた。

そうして高校3年間甘やかし続けた脳に、1年の浪人で鞭《むち》を入れ続けた。その時々に来るサボりの誘惑には、「モテるために」という処方箋が大きく役に立った。模試でもA判定がずっと続くようになり、無事合格した。

「逃げさせ屋」を無視する

僕は根性がない。好きなことにはストイックになれるけれど、嫌いなことにはまるで根性なし。逃げ道があったら、すぐそこに逃げてしまう。この前もダイエットしようと思い、フィットネスジムに行こうと思ったのだが、パンフレットを集めた時点で「集めるのに歩いたからカロリー消費しただろう」という理由で満足してしまった。

今でも時々、脳内にはありとあらゆる過去の自分の失敗や、他人の成功などを引っ張り出してはゴールを目指さないように囁いてくる〝逃げさせ屋〟が現れる。

そいつが頭に出てきたときには、シンプルに「うわ、逃げさせ屋が来た。じゃあこれを無視したら何者かになれるんだ！」と声に出して、作業に取り掛かる。これで倍進んでいけた。

現実逃避とかいう、もっともらしい言葉になって奴らが襲ってきてもとにかく無視。

そして、何かのための前向きなことを考える。仕事をするまでは行かなくても、前向きな予定だけでも立てる。

こんなふうに、僕は逃げ道を無視するというやり方で戦ってきたのだと思う。

必死の浪人時代も、逃げさせ屋を無視し続け、「幸せな奴らは目先しか見てない愚か者だ」と無理やり笑い飛ばして机にかじりついた結果、合格。大阪行きの切符を手に入れた。

大阪へ行くまでの毎日は、そりゃあもう浮かれていた。芸人になった自分、テレビに出ている自分、芸人になって何人もの女性に声をかけられ困っている自分を想像し続けていた毎日だった。

今思うと恥ずかしいのだが、そのころ関西弁のCDを買って、毎日英会話のように練習していた。壁に向かって1人何回も、「なんでやねん。違うか、なんでぇやねん」とやっている姿。夢にどう向かっていいかわからないけど、とにかく夢があるっていうことを確認していたいという精いっぱいの行動だったのではないか、と思う。

なぜか自信があった毎日だった。それはきっと、自分の目指す道の詳しい状況がわかってなかったからだったと思う。夢という漠然としたものが、本当に踏み込む前に見せてくれる甘い部分。ま、甘い部分を楽しめるんだから、後にハバネロクラスの激辛が来ても、その前の幸せを味わえている時点で相当ラッキーだと僕は思う。

それぐらい幸せな時間だった。この幸せは日常的に感じられるものとは違って、これから育っていく幸せなんだと思わせてくれた。これを持ち続けてさえいれば、激辛なことも超えられると思わせてくれた。

いよいよ大阪へ。母親と2人で向かった。もう母親のことを「おかん」と呼ぶ関西かぶれっぷりを引っさげて。


大阪怖い！


伊丹空港に着き、そこから母親がメモに書いた目的の場所への行き方を見ながら大阪の中心都市梅田に向かった。今でもはっきり覚えている。梅田に着いて人ごみに入った瞬間に襲ってきた恐怖感。

それは、本当に芸人になるためのスタートを切ってしまったという現実味と、そこについてくる不安の種だった。

大阪に着いて純粋な大阪に触れたことによって、「偽者関西人」の自分がすごく恥ずかしく思えてきた。関西の人とすれ違うときは、「おかん」が「お母さん」になっていた。

げらげら笑っている女の子、大げさに動きながら仲間を笑わせている男、まさに関西弁という感じで接客する店のおじさん。このキャストは、どんどんと僕の張りぼての自信を引きはがしていった。

僕は本当にお笑いなんかできるんだろうか？　急に自分にはなんの武器もない感じがした。大阪に行ってお笑いの学校に行けば自然とおもしろくなって、芸人になって、売れるんじゃないか？　なんていう甘い考えがあったのではないか？

いきなり来た大阪という街は、かつて自分がためてきた自信の貯金が大した額ではなかったと思わせてきた。しかしもう戻れない。横で不安そうにきょろきょろしている母親を見ながら余計にそう思った。

母親と昼食をとるために入ったお好み焼き屋さんでは、自分が偽者と悟られないためにほとんど喋らず、注文を聞かれた際には店員の目も見ず、うつむきながら無言でメニューを指し、確認に対してはただうなずくだけ。その姿はさながら、万引きで捕まり親を呼ばれて説明を受けているみたいな感じだった。

ただ僕が唯一ラッキーだったこと、それも大阪に来てしまったことだった。もし「受験→引っ越し」というほどの大げさな行動をとっていなかったら、張りぼての自信がなくなってほかの選択肢を選んでも、何のリスクもないし罪悪感もない。

その点、僕は無理言って関西に来ているわけだから、必然的にほかの選択肢はない。もう進むしかない状態だった。そのときは怖かったけど、今思えばラッキーだったなぁと思う。やる気がマックスのときに、その先に出てくるであろう妥協という選択肢の出る芽を摘んでおく！　これが僕を救ってくれたと思う。

退路を断つと、普段サボるために頭の中に出てくる言い訳の数々をすぐつぶすことができる。けれどあまりに逃げ道をなくすとプレッシャーになりしんどくなりすぎてしまうので、退路を断ったおかげで頑張れたときには、そこに橋を架けるようなイメージでサボりたい気持ちに従って、休む。それをしっかりとご褒美と感じながら。そしてその橋を壊すことで、またしっかり努力を始める。根性なしの僕は、この方法でなんとか頑張れた。

天才はきっと逃げ道なんか見えてないんだろうな。まっすぐゴールに向けての道しか見えてないんだろうな。そしてそれを苦労と思わずただただ呼吸するように進んでいってるんだろうな。天才っていいな……。そんな思いが生まれてくるときもあった。

でも、自分にはないものだからしょうがない。天才には無縁であろう退路の誘惑、それに打ち勝ったら天才と同じ道が見える。それは周りの人から見たら、僕が天才に見えるのかも？　その気持ちが、憧れから来る絶望を止めてくれていた。

人見知りは才能？

さて、梅田で感じた不安をそのまま抱えながらも、大学生活の一歩目を踏み出した。それは家選び、といっても僕はひとり暮らしなんて贅沢はさすがに言えないので格安な学生寮を選んだ。

大学のパンフレットに二つの寮が紹介されていた、一つは、おしゃれできれいで、しかも女子と一緒という「秀麗寮」。名前も素敵で、昼時にはハーブティーでも出てきそうな、そんな感じ。もう一つは男子寮の「北斗寮」。めちゃくちゃリーズナブルだが、打ちっぱなしのコンクリートの建物に、武骨な男たちの険しい顔の写真、どっちにする?って、さすがにここは少し贅沢をさせてもらって、ちょっと値段は上がるけど、ひとり暮らしするよりかははるかに安い、秀麗寮に入ろうと決めた。僕はこれから起こるであろう寮内での女子との恋や、おしゃれな生活を想像していた。

面接を経て結果発表、掲示板に入寮者の名前が書かれるということで見に……、秀麗寮入寮者の欄のどこを見ても僕の名前がなかった。ハーブティーのカップは僕の頭の中で粉々に砕け散った。そしてふと横に目をやると、そこに僕の名前が！

「あった！」。喜びの表情は1秒もなかったと思う、自分の名前の載っていた紙の上に目をやると「男子寮・北斗寮」と書いてあった。男子寮……。ハーブティーが水道水に変わった。

その日の夜、母親が東京に帰る前に大阪で一緒にご飯を食べた、そして母親はしみじみ言ってくれた。

「どこまでも親孝行だねぇ。北斗寮は月1万5000円で3食付いて、本当に親孝行」

このときの母親の笑顔で、ま、いっかと納得した。

男子校みたいに楽しい感じなのかな？　ま、これはこれで、芸人になるのに「特殊な過去がない」という劣等感を少しでも拭い去ってくれるだろう。厳しい人とかいなきゃいいなぁ、仲良くなれるかなぁ、くらいの考えだった……。

甘かった。この北斗寮、平成とは思えぬほどバンカラな寮で、そのバンカラ具合は入寮初日からトップギアで襲ってきた。

入寮初日、古びた寮のホールにいろいろな地方から来た新入生が集められた。彼らは初々しく手探りな感じで、出身地の話や高校時代の部活の話をしていた。僕は生来の人見知りからか、ホールの隅で1人ゲームボーイをやっていた。

ここで、「お笑い芸人が人見知り？」と思った方がいるかもしれません。ボケたりツッコんだりって、人見知りだってできるんです。むしろ人見知りの方ができると思うこともあります。

こう言ったらこう思われるんじゃないか？　ここで笑っていたらこう思われるんじゃないか？　この話をしたらセンスないと思われるんじゃないか？……と詮索する量が増え、結果、行動が制限されて、人見知りのでき上がり。あれ？　お笑い向いてなくない？

ここで止まっていたら、確かにそうだ。でも、そこで止まらず、さらにもう一つ考えれば人見知りは武器に変わる。

それは「こう言うとこう思われるんじゃないかな？　ならどう言ったら喜ばれるだろう？」と、自分の中の人見知りのブレーキに、もう一つ問いを足す。そうすることで人見知りは誰よりも相手のことを幸せにする才能へと変わる。後々、人見知りというのは相手の気持ちを誰よりも先に考えることができる才能だと、タモリさんに言われたときに納得した。

しかしこれに気づくのはまだあとのこと……。このときはブレーキをかけて終了でした。

そんなわけでゲームボーイをやっていたところに寮の先輩たちが入ってきた。ニコニコしながら皆を並ばせた。前後で挨拶程度の会話をしたりしていたそのときだった。

「何たらたら喋ってんだコラッ！」

1人の先輩が怒鳴った。きょとんとする我々新入生。そこへ他の先輩も一斉に怒鳴り始めた。中にはスカジャンに手には竹刀《しない》という明らかにヤバいいでたちの人もいた。並んでる僕たちの顔ギリギリまでにじり寄ってきて怒鳴り散らしてきた。

なんだ？　これは？　いったい何が起きてるんだ？　僕たちはパニックに陥った。時々ドキュメンタリーで見た、スパルタのヨットスクールのそれを思い出していた。その勢いのまま僕ら新入生は立たされた。なおも怒号は続く。そこに寮長が現れ、今から入寮のオリエンテーションをしますという趣旨の話をした。

まずは挨拶の練習。1人に対して2人の上級生がつき、挨拶を練習する。挨拶なんてこの年まで生きていたら練習いらないでしょ？なんて言う気なんか全く起きないくらいの威圧感。

そんな中、挨拶をしてみる。すると両サイドの上級生は「聞こえないわっ」と言って、もっと腹から声出せと手本代わりにやってみせる。それを受けてこちらも大声で「おはようございますっ」。そこに「まだまだ出る！」と先輩。その挨拶地獄が一区切りついたところで食事に。

食堂へ案内されるも極度の疲労と動揺でほとんど口にできず、そうこうしているうちに次はお風呂へ移動させられる。人数が多いため1人に与えられたシャワー時間は5分。

あれ？ どこかでこんな光景見たことあるぞ……。あ、テレビのドキュメントで時々やっていた「刑務所24時」だ！と思った同志はたくさんいたと思う。もちろん口には出せなかったが。

お風呂を出るとまたあのデンジャラスなスペースに集められて、次は関西大学の学歌、応援歌などをこれまた大絶叫、これが深夜過ぎまで。おかげさまで今でも完璧に歌うことができる。そして初日がいよいよ終わると思いきや、上級生が「明日、自己紹介とネタ見せをする。しっかり考えて、自信のある奴はゆっくり寝ていいぞ！ 相当自信がある奴はな」とにらみながら吐き捨てるように言った。

もちろん気づいた。「これは寝るなってことだな」と……。新入生50人近くは「なんだよ、ネタ見せって。意味わからないよ」と思っていただろう。

しかし唯一僕だけは違う思いがあった。

“ならず者”たちとの日々

ネタ見せ？ みんなの頭の上に大きな？マークが見えた。そして僕に関していえば、お笑いを目指し大阪に来て初のネタ見せが、こんな形でやってきた。

ホールにびっしりと敷かれた布団の上で、皆ノートを出して何かを絞り出していた。

もちろん僕もそうだった。お笑いを目指してるとはいえ、まだ何もやっていなかった。初めてのネタ作りが急にやってきた。うとうとして布団に横になると上級生が来てボソッとつぶやいた。「相当自信あるんやな？ 楽しみにしてるで」。その言葉ですぐ体を起こし、ネタを考えた。このやり取りはそこかしこで見られた。

外が明るくなり始めた、結局一睡もしないまま朝を迎えた。

ネタ見せの時間は容赦なくやってきた。皆、鬼のような形相で死ぬ気でこなす中、僕の番が。

人生初のネタ見せのスタート。僕のネタは、「ドラえもんがどんなのび太の悩みにも、千葉県の名産の落花生としょうゆしか出さない」という意味のわからないネタだった。

そこでスべって上級生から怒号が。「おまえ、ドラえもんの中でどんな道具が好きなんや？」という質問に「タケコプターです」と叫ぶ。すると上級生が「じゃあタケコプターになってみろ」というぶっとんだリクエスト。しかしそれを受けて絶叫しながらくるくる回るというネタというにはあまりに陳腐なものを全力でやって、それがウケてなんとかクリアした。

こんな異常な状態の中に4日ほど置かれた。中には夜中のうちに荷物全部置いて逃げ出した人もいた。4日目の朝、皆で学歌を歌ったあと、鬼だった先輩たちが涙しながら褒めてくれた。よくわからないが僕らもみんな泣いていた。

そしてその足でみんなで朝ご飯を食べ、支度をし入学式へ行った。入学式で全力で学歌を歌った。周りの目は驚くほど冷たかったが、楽しかった。

こんな体験は、僕の中にある〝凡人劣等感〟を大きく隠してくれた。そんなスパイシーなスタートをくれた北斗寮。ここでの数々の出会いが、僕を今の道に走らせるべく、時にやさしく時に厳しく導いてくれる。そうなった大きな理由の一つとして、ネタ見せの前の自己紹介で僕が言ったこの一言もあるだろう。

「僕は芸人になるために、ここ関西大学にやってきました」

先輩たちは盛り上がってくれた。でもその盛り上がりが、退路をがっちりふさぐ壁となった。

寮に入って強烈に覚えているのが、入ったばかりの1回生に与えられる恒例行事。それは、夜、北斗寮の近くの女子寮の前に行き、1列に並んで女子寮に向かってみんなで一斉に叫ぶというよくわからない儀式だった。

「蛍雪寮の皆様。ぼくたち北斗寮の童貞にABCを教えてください!」

これを上回生のオーケーが出るまで叫び続けるという、謎の迷惑行為。毎年恒例のことで、女子寮の方も怒らない。

ある程度したら上回生が「逃げろ！」と号令を発し、寮に逃げ込む。そして、みんなで笑いながら夜を明かす。世が世なら、我々は村々を襲う、ならず者とかだったのでは？という遊びだった。

ここまで読んだ方が、鬼のような人しかいないひどい寮だと思われるとあまりに寂しいので、少し書かせてください。

僕は本当に運がいい。何より人と出会う運が抜群にいいと思う。この寮にはそう再確認させてくれるには十分すぎる人たちがいた。

部屋長の植松さんは熱い人だった。

高校時代から片思いしていた女の子が結婚したという知らせを受けてへこんでいる僕に「うまいうどん食べに行こう」と声をかけてくれて、愛車のワゴンRに乗せてくれた。

そして、車の中では先輩の大好きなMr.Childrenを爆音で流し歌い、その合間には楽しそうに自分がフラれまくった話をしていた。楽しくて気づかなかったが、車はいつのまにか明石海峡大橋を渡っていた。驚く僕に「ここに美味いうどんがあんねん」と笑いながら先輩は言った。

そして、パーキングエリアについて、うどんを食べ外に出ると、関西の夜景がキラキラしていた。

「亮太、見てみぃ。あんだけ人おんねんから、モノ好きな可愛い子おるやろ！」とケタケタ笑っていた。時間は深夜1時を過ぎていた。申し訳なかった。翌日就職活動の大事な面接があるのを知っていたから。

帰り道もワゴンRは即席のカラオケボックスと化して僕らは歌って帰った。

昼前くらいに起きたら先輩はもう居なかった。脱ぎ散らかされた部屋着が胸を締め付けた。

先輩の涙

大学とは怖ろしいところで、合コンだ、サークルだ、バイトだ、自らが仕切ってのダンスパーティーだと、まぁ楽しいことが波のように押し寄せ続けてくる。そのビッグウエーブにどっぷりと浸かって、僕はのほほんとしていた。

僕は意志が強いほうではない。大学ライフも楽しんだし、これで就職でもいいかな？なんて思ったのは2回生のとき。本来だったら大阪生活のスタートと同時に養成所に入って、芸人に向けての全力疾走を始めてなきゃいけないはずなのに、自分の中に言い訳を見つけては先延ばしにしていた。

その退路を塞いでくれた壁は、「僕は芸人になりに大阪に来ました」という自分の言葉だった。僕はその退路のギリギリまで、だらけてしまっていた。

2回生の終わりくらいのとき、植松さんは僕に言った。

「亮太、養成所いつ行くの？」。僕は曖昧に返事をしていた。その僕の目の前に植松さんはバンッとある紙を置いた。それは養成所の入学試験の願書だった。

「取ってきた、書け！」

そのまま願書を書いた。それを嬉しそうに植松さんは見ていた。

もうサボる理由を見つけることはできない。これが退路に作った壁に追い込まれるということなんだ、と噛み締めた。

先日大掃除をしていたときに、その願書の練習用に書いたものが見つかった。読んでみて顔が赤くなった。その入学願書に書いた言葉たちは、恥ずかしいくらいおもしろくなかったから。

その内容は「自分は学生寮という特殊な環境に住んでいるため礼儀だけは誰にも負けません」「心理学を大学で学んでいるので、皆さんの心の声が聞こえます」……。そこだけ見たら、まぁまぁ厳しいバイトへの履歴書って感じだった。これでお笑い目指してたのか？と過去の自分に問いかけてしまった。

話はあのころに戻り、いざ面接の日、僕は大学の入学式で着ていたスーツを着ていった。寮を出るときにはほぼ全員じゃないかと思うくらいの人数が見送りに来た。先輩の合図で後輩が「頑張ってきてください！」と叫ぶ。先輩も一升瓶片手に、手を振っていた。あれ？　僕、戦争にいくんだっけ？と錯覚するほどの盛大な送り出しだった。感謝の気持ち半分、残り半分は面接で落ちられないじゃないかというすごいプレッシャーに襲われた。

いざ面接会場へ。周りを見たら僕の張りぼての自信貯金はどんどん減っていった。すでにコンビで来てネタ合わせする人、自分がいかに学生時代に人気があったかを関西弁でまくし立てる人、全身タイツに「スーッ」とマジックで書いて「正装です」みたいなことを言う人……。ただ圧倒された。まじめなスーツとまじめな願書が僕の足取りと口元をどんどん重くしていった。

集団面接だった。20人1グループで面接が始まった。ほかはどうだったか知らないが、僕のいたグループは結構アグレッシブだった。

「自己アピールをしてください」のリクエストに対して、「自分は天下取るんで、ここで落としたら吉本は一生後悔すると思います」と強気な大物の片鱗を少し匂わせる男。ただ、彼がこの後に見せた特技の「江頭2：50のモノマネ」は、吉本興業が彼を落としても後悔しないだろうなと皆に思わせてくれたはずだ。

いきなり本格的な漫才をするコンビ。面接官に家でとれたみかんを渡すおばちゃん、そのおばちゃんと一緒に来たであろうおじちゃん。受験資格の25歳だと言い張っている2人はとても素敵だが、もしそこの息子だったらグレる自信はだいぶある。

とにかくいろいろいた。そんな不思議な空間の中、僕の面接がスタート。正直緊張でほとんど覚えていない。かろうじて覚えているのは、僕の関西大学学歌熱唱を見せられて困る面接官の顔くらいだった。

面接会場を出た瞬間、頭によぎった「不合格」の3文字、そして考えたのは寮の皆への言い訳だった。「会場に行く途中に倒れているおばあちゃんがいて、どうしても放っておけなくて病院に」的な王道から、「あまりに面接官がなめたこと言ってきたんで一発ぶん殴ってやった」的な、人としてどうよみたいなものまで、いろいろ考えて帰途についた。

結局選択した言い訳は「俺の居場所はあそこじゃない」という一見格好よさそうだが、ただのおバカなものだった。

落ちただろう。どこかで安心してしまっていたところがあった。在学中の1年の猶予の間にネタとか考えて……などと考えた。

その一方で、少し怖かった。この1年で退路の壁は崩壊し、新しい選択肢に逃げてしまうのではないか？

合格通知はポストにはずっと届かなかった。僕はお笑い芸人のスタートラインに立つこともできないまま終わるのか？　そんなふうに思っていた。

知らせは急にやってきた。それは卒業される先輩たちの送別会、寮の追いコンのときだった。卒業される先輩方の挨拶が続く。

いよいよ植松さんの番、植松さんは目を真っ赤にして語り出した。

「楽しい毎日だった！　ありがとう！　そして、今日僕の夢が一つ叶いました」

植松さんはこちらを見ていた。そしてスーツの内ポケットから1枚のハガキを出した。

そして、それを見ながら話を続けた。

「僕の夢でもあった、亮太が芸人になるという夢の一歩目が、見事叶いました！」

手に持っていたのは養成所の合格通知だった。

「おめでとう亮太」

植松さんはボロボロ泣いていた。僕もボロボロ泣いた。

その次にスピーチする予定だった先輩だけは、ただただ困っていた。

もう後戻りはできなかった。

第2章

スタートライン

芸人養成所という魔境

大学の3回生になるのと同時にNSC22期生になった。同時期に入った人数は、僕が通う大阪およそ600人、東京校もおよそ600人ということで、吉本だけで1200人のライバルとスタートを切ることになる。

入学式は笑いの殿堂なんばグランド花月（NGK）。客席に座り、偉い人たちの話を聞いた。内容は覚えてないが、社員さんの話を聞いてるだけで、自分が芸人になったような気がして高揚していた。入学式でボケる生徒もいた。変な質問をしたり、社員さんの言うことにツッコんだりしていた。

僕はそれらが笑いを起こしていないのを見て「余計なことして、逆に損してるわ」と否定の言葉を見つけては、自分の「行動しない」という悪を肯定していた。

入学式を終え、説明会。名前とクラス名と自分の写真のついた学生証をもらい、それを首からぶら下げながら指定された教室へ行った。劇場のすぐ横の雑居ビルの5階、周りを鏡で囲まれた部屋に数十人と集められ、時間割が配られた。そこには講師陣の名前と時間が書かれていた。毎日1コマずつ何かしらの授業がある。それらを確認して解散となった。その瞬間クラスの中で大きな声で話をする生徒がいた。

「はい！　今からコンビお見合いします！　相方探してる人これからカラオケボックス

行きまぁす」。はつらつとした関西弁で放つその言葉に圧倒されて、僕はその言葉に押されるように教室を出て寮に帰った。

スタートラインって立つのが本当に難しい。いつも立てたと思ったら新しいスタートラインが現れる。そこで躊躇している限り、先に走り出せた人から引き離されていく。わかっているけど逃げてしまった。

どうしたら逃げなくなれるのだろう。それは大げさなくらい引き離される恐怖を想像して、焦ることだった。

逃げさせようとしてくる甘い囁《ささや》き、「焦ったら逆に失敗するから」。この言葉をどう無視できるか。そして、どう行動するか？　これが僕の課題だった。

焦ることが駄目でも、反対に行動しないという選択肢をとることは一番駄目なことだ。「焦るといけないから」という言葉に甘やかされて、寝る時間をいつも通りにしていては駄目だ。焦りをパワーに変えて、どう行動に移すかをめちゃくちゃ考える。そしてそれを行動に移す。スタートラインは喜ぶべきもの、だから早くそこを切らなくてはもったいない。

とはいえ、何をしていいかわからない。僕は明日積極的に行動できるように、自分をたくさん脅迫した。焦りを積極的に動くためのエンジンにするために。

大学の単位は卒業に必要な最低限とれるように時間割を組んで、NSC中心の生活にした。

いよいよNSCの授業が始まる。僕はびくびくしながら教室に入った。どんな授業をするのだろう？とお思いの方々も多いと思うので簡単な説明を。

基本は発声練習、現役の作家さんにネタを見てもらってダメ出しをもらうネタ見せ、ダンス、それに講師陣オリジナルの授業がちりばめられていた。

そのオリジナル授業で僕がいまだに思い出すのは、ホワイトボードに書かれた「つぇーまん」の文字、そして講師の先生がそれを読み上げる。続いて僕たちも読み上げる「つぇーまん」。

続けて目をやると「姉さん」と書かれている。そこももちろん講師が読み、続けて僕らも声に出して読む。「姉さん、はい」「姉さん」。

50代ぐらいの講師は真顔だから、きっとこれはボケではないのだ。その恐怖を感じながら声を出した。どんどんとその授業は進む、講師は大きな声で僕らに投げかけてくる。

「応用行くで。リンゴ姉さん、この前はご馳走さまでした。はい」

「はい」という言葉は、カツアゲのように僕らからこの空虚な言葉を引き出していく。

「リンゴ姉さん、この前はご馳走さまでした」

それがひとしきり終わると、僕たちを1列に並ばせ「プロのツッコミを体で味わえ」と言いながら僕たちの肩あたりを「なんでやねん」と言いながら叩いていった。

全員をたたき終わり少し息が上がったまま「今日はここまでや」と授業が終わった。

この授業に関しては、初回で僕は姿を消すことになりました。ちなみに「つぇーまん」は、業界用語で1万円のことです。

相方は絶対男前

入学はしたが、僕はまだ本当のスタートを切れていなかった。周りには、もうコンビを組んでネタらしきものをしているものもいた。

「コンビを組もう」と声をかけたいのだが、僕の長年連れ添っているパートナーの人見知りさんが邪魔して、もじもじしてしまっていた。

そして何も得るものもないまま寮に帰る。ところが、たくさんの出迎えと興味に目を輝かせた仲間が襲ってくると、自然と焦りというエンジンに火が入る。

もう人見知りさんなんか言っている場合じゃない。張りぼての自信貯金を使うときなのだ。焦りを武器にして、今までの自信の貯金を下ろして、都合のいいように変換する。

「こんなにお笑いのことばかりしてきた俺様が、人見知りとかいう、つまらない理由でほかの奴より出遅れてどうする？」

このまま遅れることで引き起こされる地獄を想像して、さらに背中を押させた。

次の日、僕は思い描いていた理想の相方像である「男前の男」に声をかけまくった。おかっぱ赤眼鏡の男が必死で男前を探し、話しかけまくる。一見危ない感じの絵だが、自分の中で、コンビの相方は絶対男前と決めていた。

理由はシンプルで、自分の力量では集められない層、つまりは女子のファンを獲得するため。導入部はそこから入ってもらってネタを見てもらおうという作戦だった。相方は広告塔として必要だった。

誘うときには、ある作戦を使っていた。数冊の使い古したノートを持ってそれを目の前に置き「ネタはいろいろ考えている」というアピールをする。

そりゃそうだ、ブサイクな男と組むメリットはそこしかない。何冊もあるノートから1冊ぱらぱらとめくり、びっしりと書き込まれたノートを見てもらって、僕と組むメリットを感じてもらう。これが効いた。

こいつと組むと楽そうだなと思って組んでくれた男前がいた。都合がよかったのが、その男前はノートをしっかり見ることもなく、結成を決めてくれたことだ。なぜかというと、そのノートは、1冊目以外は全て学校の授業のノートだったので、くまなく見られるとバレてしまうところだったから。我ながらいい作戦だったと思う。

そうしてやっと見つけた相方が、M君という三重県から来た1歳下の男前だった。

暴君山里

僕はクズです。本当にどうしようもない男です。先に言います、ごめんなさいM君。

これから話すのは思い出話として話すというよりも、捕まった犯人が自供するような感じになると思います……。

コンビを組んでくれたM君に対してとった僕の行動はまさに暴君だった。コンビというのは対等でなきゃいけないはずなのに、ネタを作っているというだけで相当上から目線になってしまった。僕は、それはそれは無理難題、理不尽極まりないことをM君にし続けた。

例えば、M君は滑舌が良くなかったのだが、その中でもラ行が弱かった。聞けば、巻き舌ができないということだった。そこで近所の墓場に呼び出し、座っている僕の前に立ちながら巻き舌をひたすら練習するというのを半日やらせた。

なぜ墓場なのかもわからない。M君はひたすらルルルルと言い続けた。もしもここが「北の国から」だったら、キタキツネが数百頭集まるくらいルルルル言わせていた。

「なんでやねん」だけを3時間言わせたときもあった。ほかにも、バイトを休ませてまで、僕が選んだお笑いのビデオを数十本見せ続けたり、故郷の三重から彼女が来た日に急に呼び出してネタ合わせを入れデートをつぶしたり、1日30個のブサイクいじりワードの宿題を課したり、遊びに行ったらその先でのエピソードを必ず10作ることを要求したり……。まだまだあります。ここらへんで1回挟みます。

M君本当に申し訳ない。

続けます。後に出てくる、あるスターコンビと仲良くするなら、何か向こうが不利になる情報を持ってこいと命令する。登場時のお辞儀の仕方が気に入らないと数時間そこだけ練習させる。警察のネタをやるときに、敬礼が違うという難癖をつけて敬礼をずっと練習させる……。

こんな僕に「お笑いに熱い」なんて最高の褒め言葉をくれていたM君、本当にごめんなさい。僕は自分がすべきなのにできていないことを棚にあげ、それを全てM君に背負わせていた。そして自分もできた気になっていた。

こんな僕の悪行三昧《ざんまい》を経て、相方のM君は精神的に疲れきり、髪も薄くなり、頬はこけ、男前だったのに変わり果てたその容姿から、「死神」と呼ばれるようになっていった。

そんな地獄の関係性の中で、ネタ合わせは毎日のようにやっていた。

そして、いざネタ見せの授業へ。正直すごい葛藤があった。ネタを早く見てもらって、「自分たちも周りのコンビに追いつかなくては」という気持ちがある一方、少し遅れたのに皆より下手で恥ずかしい、自分の使う関西弁は偽物だから本当の関西人にはバカにされるんじゃないか？　そんな気持ちが渦巻いてきた。都合よくサボるいい理由が頭の中にどんどんあふれてくる。

それらの気持ちが山里内特設リングで激しい戦いを繰り広げていた。そんなとき、「ネタ見せしよう軍」には素敵なサポーターがいた。

そのサポーターとは、退路を塞ぐために今まで自分が作った壁たちだった。関西に行くことを許してくれた両親、高校3年のとき黙って受験費用を出してくれた兄、お笑いを目指すことを我がことのように喜んでくれた寮の先輩、初めてNSCに行くとき寮の玄関で戦争に行くかの如く盛大に送り出してくれた寮の皆の顔、そして張りぼての自信、さらには暴君として相方に接しているので、逃げる姿勢は見せられないというクズゆえにできた力。

もうネタ見せを止める者はなかった。

初めてのネタ見せに行った日を覚えている。

「今日の授業でネタを見せよう」。そうM君に伝え、公園から授業に向かった。見慣れたコンビ名の書かれているホワイトボードに自分たちのコンビ名「侍パンチ」を書く。周りに「あいつらやるんだ」「どんなもんだろ?」みたいな空気を感じる。一生懸命サポーターを思い出す。張りぼての自信もがんがん使う。そしてネタ見せスタート。

全くウケなかった。しかしそんな状態はたくさん見ていた。同じ道を目指す人間が「どんなもんやねん?」的な目線で見るのだから、そう笑いは起こらない。

挑戦するときは、このもっともらしい言い訳までがワンセットだった。心折れてやめてしまわないように。

心の傷口を広げないようにするには、目の前のマイナスなことを肯定する言い訳を上手に用意するのが大事だと思っていて、うまくいかないことがあると僕はそれを必ずやっていた。

前向きな戦いを挑んでたとえ失敗しても、それを続けるための言い訳は立派な武器だと僕は思っている。ただ、言い訳は心折れるのを防ぐためだけに留めなくてはいけない。努力をしなくなるようだったら、それは悪質な言い訳になる。

すぐさま言われたところを直し、ノートに書き、教室を出ていつもの墓地に行った。

そしてネタ合わせをした。翌日もネタ見せだ。

講師からは「ちゃんとネタ振りとボケをしっかり」と周りの皆と同じ評価をもらった。自分は特別じゃなかった。うっすらよぎるこの悪魔のフレーズをかき消すために、必死で他のコンビのネタを見た。

それは参考にするというよりも、特別な奴がいないことを確認し安心するためという気持ちが強かった気がする。そしてその確認をとって安心し、またネタ合わせに墓地に行く。

キングコングの快進撃

この1回目のネタ見せが僕に及ぼした影響は結構なもので、自分は特別じゃない、そして誰もそんなに自分を見てないという悲しい認識となった。けれど、むしろそれがネタ見せへの躊躇をより拭い去ってくれた。それからは毎日のようにネタ見せをし続けた。

夏前くらいのことだった。4月からずっとNSC内でMVPに選ばれ続けていた二つのコンビが解散するという事件が起こった。しかもそのコンビのボケ同士がコンビを組むということに。そうしてできたコンビというのが、今も活躍する「キングコング」だった。

キングコングの快進撃たるやなかった。毎回ネタ見せの授業では講師は大絶賛。ある講師は授業中に「もう今年はキングコングが出たからええやん」なんてことを漏らすほどに。

ちょっと待ってよ！　ここに入るために僕らだって福沢諭吉さんを40人ほど連れてきているのよ！　諭吉さんを集めるためにバイトしたり、親から教科書代といって仕送り増額してもらって捻出したりしてきているのよ！と、怒りたいのだが、その怒りを簡単に飲み込ませるくらいのパワーがキングコングにはあった。

あるNSCの先輩が、キングコングのことをこう言っていた。「俺たちはやっと全力疾走で走ったら原付くらいのスピードを出せるようになってきた、そこにいきなりF1カーが突っ込んできた感じだ」と。それほどだった。

だから僕は、そのとき一生懸命にキングコングに引き離されていることを正当化できる理由を探していた。ネタの感じが誰々に似ているからいつか彼らは駄目になるとか、自分たちはボケ方が全く違うから競争する必要はないとかを一生懸命考えて思い込もうとしていた。けれどそれらの努力がむなしくも散る日はすぐに来た。

キングコングが在学中に賞を獲ってしまったのだ。これはかなり異例のことで、養成所の講師陣は色めきたっていた。

ある講師はその受賞漫才と受賞シーンを授業で流して感想文を書かせるなんていう屈辱的な授業をした。心からムカついた。今でもあのときの講師の横顔は覚えてる。嬉しそうに半笑いで画面を見て、こっちは1回も見なかった。

こんな時間の使い方するなら、俺たちのネタ見ろよ！と叫びたかったが、優等生でいることがこの先の自分を助けてくれるはずだから黙って見ていた。テレビの向こう側にある教室の壁を……。

当時、NSCには「10年説」というものがあった。1期生のダウンタウンさんから約10年後にナインティナインさんが出てきて、そこからほぼ10年目が僕たちの期だった。みんな自分たちがそこに当てはまることを考えていたと思う。

ただ結果ははっきりと出た。

偽りでも天才になりきる

そういう結果が出たからといって、やめることなんかはできないわけで、僕はひたすらネタを作りまくった。だからって劇的におもしろくなることはない。キングコングに送られる講師の笑顔は僕らには一切見せてもらえない。でも止まったら、そのまま波に飲み込まれるようにサボるほうへ行ってしまいそうだったから、とにかく動いた。

心折れてやめるタイミングは結構あった。でも退路にある壁が止めてくれた。努力以外に、この流れに引きずられるのを防ぐ方法はなかった。努力がガス欠になりそうになったら、張りぼての自信を切り崩した。路上でやっていたときの通りがかりのおじさんの笑い声さえも大きな戦力にしていた。

今思うと、正直何がおもしろいかをあまりわかってなかった。おもしろいネタをどうして作っていいかわからなかった。でも止まっちゃいけなかった。

ひたすら書きまくった。浪人時代の癖で、わからないものはひたすら書いて体に覚えこますという方法だ。何の意味もないかもしれないが、止まっていないという事実は大事だった。

とりあえず自分の好きな芸人さんのネタをひたすら書き起こすことをやってみた。例えば当時、大好きだった爆笑問題さんをテレビで見て、そのしゃべりを必死に書いた。ダウンタウンさんの番組で自分の笑ったところで止めて「今なんでおもしろいと思ったか」をノートに書いた。おもしろい人のエピソードを真似してやってみたり、ある先輩が辞書を読んでると聞いたので、辞書を読んで言葉数を増やしてみたりもした。

こんなことは堂々と言うことではないのはわかっています。こんなに必死にやられちゃうと、見てる方は笑えなくなるでしょう? だからこんなことを家でしているってことは、必死に隠していた。ただ一つ「天才」と勘違いしてもらえるように。

努力って、お笑いをやる上ですごく格好悪いことだと思っていた。

「必死」「一生懸命」。この単語が似合わない、「本当の天才」が創るべきなのがお笑いという世界で、何も苦労なく頭の中に思いついたことを言うと目の前の人が笑ってくれる人たち、それが本物の芸人なんだとわかっていた。というよりも、もはや、憧れてしまっていた。

しかし、それ以外の人はこの世界に向いていないという答えを出すと、その瞬間にそれは「サボる理由」に変化してしまう。だから必死でその答えを無視するために、逃げるという選択肢なんて思いつかないくらいの努力をしようと思った。

とはいえ努力の仕方がわからないから、とにかくシンプルに与えられていることを全力でやるしかない。授業は毎日出るのはもちろんのこと、人気講師のネタ見せはまだ学校が開く前から来て入り口の前に並び、一番に見てもらいダメ出しをもらって、他のコンビがネタをやっている最中もずっとダメ出しされたことを書いたノートを見ながら新しいネタを書き、終わりとともに今書いたネタの質問を先生に聞きに行った。それをメモして帰り道にいつものネタ合わせをしている場所へ行き、ネタ合わせをした。

ずっと必死だった。必死な自分を確認しないと、張りぼての自信がはがれてしまい、就職の話を持ってくる父親の言葉に心が折れてしまいそうだったから。

そうして必死に努力することで自分を天才だと思い込ませた。「ここまで頑張れるって、一心不乱にできるって天才っぽいな」、そう思えてきた。

そしてもっと頑張っていくと「自分ってこのことしかできない不器用な男だわぁ」という一見自分を蔑んでいるかのようだが、「そんな自分ってほかの普通の人と違う」という妙な自己肯定感が出てくる。そういう「偽りの天才」を作り込んでいた。それも自分を守るには、大切なことだった。

そういう行動を無理してでもたくさんしていた。街中をぶつぶつ言いながらメモを取りながら歩いて、壁にぶつかって、その壁にぶつかったおかげで何かひらめいた！みたいなふりをして、外なのに座り込んで必死に何かノートに書き出すとか、なんとなく自分の憧れる天才像をやって自分を勘違いさせていった。

しかし、そこにM君への暴君としての立ち居振る舞いを追加して、これで自分はお笑いを目指していいという許可を勝手に与え続けていた。

伸びる天狗山里の鼻

あのとき、ただ授業に来て何もしてなかった人たちは、決まってこんな内容の話をしていた。「ダウンタウンさんはほとんど授業に出てなかったらしい」「ナインティナインさんは途中学費を払わなくて、NSCをクビになって来なくなったらしい」。これを言うことで必死に自分を肯定しようとしていたのだろう。

だけどこの発想を否定する気は、さらさらなかった。なぜなら僕もそういうことをしていたから。世の中の「天才」と呼ばれる人たちのエピソードの中で、自分がサボる理由に結び付けられそうなものを探し、うまく休んでいた。例えばダウンタウンさんが「お笑いにダンスの授業なんて意味ない」と言っていた。だから、しんどい日はダンスの授業を休んだ。

ただ、ネタ見せに関しては言い訳を見つけちゃいけなかった。そうすると、怠るべきではないネタ見せをサボってしまいそうというだけでなく、自分が「偽りの天才」だと気づいてしまう行為になるからだった。

NSCも後半のほうになると、生徒の意識はより一層はっきりしてきた。ネタ見せをするのが僕らだけという日もあった。それもあってか、養成所から数組しか出られないライブにも出ることができた。それらがまた僕の張りぼての自信をより強固なものにしてくれていた。

ただ時として、この張りぼての自信が悪いほうに行くこともあった。自信というものを固く作ってくれたと思っていたら、もう一つ生まれていた……、山里天狗の大きな鼻が。

僕はNSCの生徒であるというだけなのに、勝手に吉本興業の看板を背負って一人前の芸人の気分になっていた。

今でも少し顔が赤くなるのが、大学時代、同級生にまだ無名の矢井田瞳さんがいた。その矢井田さんの友達が僕の友達で、僕に矢井田さんを紹介してくれた。そのとき、「初めまして、山里です」という言葉が山里なら出ただろうが、天狗山里からは出なかった。

「自分音楽やってるんだってね。どっかで会えたらいいね。じゃあ俺、今日寮の昼ごはんカレーだから、早く帰らないとおかわりできなくなるから」とその場を立ち去った。せめてそこは仕事であれよ。しかし、この天狗山里による「君なんか相手にしてないから」というクソみたいな攻撃……。今思えば恥ずかしい帰り方ですが、天狗山里はそんな男でした……。

その数カ月後だった。矢井田さんが爆発的に売れたのは……。僕という天狗に一番のお灸、それは近い人間の大活躍。僕は自分を恥じ、妙な後悔にさいなまれていた……。あのとき紳士的にご挨拶できていたら、それがご縁で2人は急接近、そして付き合うなんてことにまで発展していたら……。矢井田さんの代表曲の「♪ダーリンダーリン」のところが、「♪やまちゃんやまちゃん」になったのではなかろうか？と。もちろん矢井田さんが名作にそんな豪快な傷をつけるはずないよな、フフッ……なんて敗北感たっぷりの笑みをうかべながら、いつも彼女の曲を聴いていた。

これまで、自分がいかに凡人かをしっかり見つめながら頑張っていくと書いてきた僕が言うと矛盾するかもしれないが、正直僕は天狗になりやすい。

自分で褒め、さらに周りの褒め言葉を集め、必死で偽りの天才になってるはずなのに、いつのまにかそれが現れる。

寮でみんなでテレビでバラエティーを見ているときに、テレビに向かって、会ったことあるくらいのテンションで「○○さん、今日調子よくないなぁ。今もう2個いいボケ入れられたけど」とか言ってみたり、テレビ局の前を通ったときに入り口にいる守衛さんに「お疲れっす」的な挨拶をしてみたり、学校でボケる学生にダメ出ししたり、寮のめちゃくちゃボケる先輩のことを全否定して喧嘩したりしたこともあった。大学の近くのホールでライブをやったあとなどは、通学のときに寮の後輩を数人ＳＰとして周りを囲ませて学校に行ったこともあった。

お恥ずかしい話だが、僕はこうして時々天狗になる。天才と思い込ませすぎたときに現れる、この山里天狗、どう黙らせるか？

まずは天狗期間にサボっていた時間の再確認と、同じ年くらいの活躍している人たちの成し遂げたことの確認、そして信頼してる人からの落胆の声、これを集めるとその鼻は折ることができた。

しかし、意図的にそれらを集めないのが天狗状態。なので僕は目立つところにこの要素を記したメモを置き、読み上げた。そうやって早く自分の鼻を折れたときはそれだけ褒めてあげて作業を開始していた。

本来天狗だったら酒を飲んでいたのを鼻を折って作業の時間にできたときは、僕は2倍の時間を手にしたというふうに考えていた。そして自分を褒めた。それが定着したら天狗の封印は終了。そしてまた努力に向かえるように自分を仕向けていった。

しかし、この努力の中に相方への指導というのが多く入ってしまっていた……。

「もう許してくれ……」

NSCの卒業間近、またいつものようにM君と地獄のネタ合わせをしていたときだった。M君が一言こう言った。

「もう許してくれ……」

その言葉の中に含まれていた意味が、僕はすぐにはわからなかった。だからそれに対してまたさらに厳しくかぶせていった。その僕の毎度のヒステリックな説教を聴き終わる前に、M君はもう一言、「解散してくれ」。そうつぶやいた。

一気に自分の置かれている立場が逆転した。必死で説得した。相方の良さを喋った。でももう遅かった。そのときに自分の悪行三昧がダイジェストながらもボリュームたっぷりに思い出された。どこかでM君は僕にぞっこんで、何をしても僕から解散を言わない限りずっといてくれると思っていた。だけどそんなことはなかった。

そして僕はゼロになった。

今更だけど強く思う。こんなクズのいろんな行動を許してくれたM君がいたから、自分に才能がないことに気づかされることもなく、自分はお笑いを目指していい人間だと思い込むことができた。

おおらかな相方だった。彼は体を張って、ずっと「あきらめる」という選択肢を僕から隠し続けてくれていた。

ただ、当のM君はそのせいで体も心もボロボロになっていた。本当にごめんな、M君。

卒業間近の解散、NSCのクラスでは、それはほんの少しざわつくくらいの出来事だった。

1人になったら何もできなかった。相方のできないことを指摘することで得ていた偽物の達成感は、引きはがされた瞬間にものすごい焦りとなった。

そんなとき、NSCの講師の方が声をかけてきた。

「山里、紹介したい男がおるんだが……」

講師の目に映っていた僕は、おもしろさでは目立たないが、毎回ネタ見せをしたり、熱心に質問してきたり、鬼のような形相でメモを取ったり、とにかくまじめで一生懸命な生徒ということになっていた。

そんな生徒の突然の解散、そのことを心配して1人の男前を紹介してくれた。それが次なるコンビ「足軽エンペラー」になった。

第3章

焦り

富男君

ＮＳＣの講師を仲介に、授業の終わった教室で、次なる相方とお見合い的な会が行われた。目の前でにこやかに僕に挨拶をしてきた好青年は、西田富男と名乗った。見た目は、がっしりとした体格に、少しごつめの骨格だがブサイクではない。ものすごくあっさり系のゴリラという感じ。男前の部類に入るだろう。何よりアパレルで働いたことがあるという経歴が証明されるようなファッションセンス、これはいい。

余談だが、今の僕のスカーフのスタイルは彼からの提案で始まった。経歴、ファッションヨン、ルックス……頭の中は勝手にオーディション会場になっていた。そして脳内審査員の出した答えは……。

「うん、見た目は合格よ」と、大金持ちのババ……マダムがホストを見て言うような感じで舌をぺろり。審査項目としてお笑い的なことは1ミリも考えていなかった。

当時の僕は、「笑いは自分でとる。相方には(自分にはない)ルックスの良さで客を引っぱって来る男がいい」という傲慢なのか謙虚なのかわからない姿勢だった。

ありがたいことに向こうは「山ちゃんと組めるなんて嬉しいです」的な感じで来てくれた。

その一言で、前回のＭ君のときの反省が消えた。惚れられているとわかったら、僕はすぐさま上の立場になってしまう。クズなんです。

僕はこれからの要望を畳みかけた。24時間お笑いのことだけ考えていてほしい。ネタをしっかりやってほしい。僕のできないことは全部やってほしい。例えば芸人の先輩との飲みの席への積極的な出席、吉本の社員さんとの密な関係の構築。女性ファンの獲得のために、常におしゃれで格好よくいてほしい。ついでにぼくのファッションも見立ててほしい。僕がネタ合わせしたいときは全ての予定を蹴ってでも来てほしい。ネタには前向きなコメントだけしか言わないでほしい……。

思い出して書いていても自分で突っ込みたくなる。「お前は何様だ！」と……。

しかし彼はそれを、満面の笑みで「頑張る」と受け入れてくれた。

そして「じゃあ自己紹介に」といって、コサックダンスをしながらズボンのチャックをリズミカルかつスピーディーに開け閉めしだし、「コチャックダンス！　アーハァ！」と何度もやりだした。自慢のギャグ「コチャックダンス」というものだった。

普通のお見合いなら即破談だが、そこはお笑いの相方探し、僕にはそのコチャックダンスがまぶしく見えた。少女マンガで恋する乙女が好きな先輩のバスケシーンを見つめている感じ。富男君のコチャックダンスはきらきら輝いて見えた。

僕はギャグができない。だから、僕にはできないギャグができる人が相方になることがものすごく嬉しかった。お笑いとしてまた上に大きく一歩上がれたかのような気がしたから。

もちろんそのままコンビを組むことを決めた。消えたと思ったスタートラインがまた目の前に現れた。おかげでそのスタートラインがとんでもなく大切に感じられた。その失敗は、止まらなければ次の成功の最強のスパイスになる。本当に嬉しかった。その気持ちは寮に帰っても継続していた。その興奮のままに僕は部屋の先輩や仲間にこう伝えていた。

「今度の相方はすごいんです、コチャックダンスができるんです」

みんなの頭上には大きな「?マーク」が見えていたが、とにかく嬉しさは伝わったらしく、「よかったな、コチャックダンスができる相方が見つかって」と精いっぱいの相槌を打ってくれた。

僕は机に座り、ノートにネタを書き始めた、新しいコンビでのネタをニヤニヤしながら書いた。そして合間に翌日のネタ合わせの時間と場所を送った。すごい速さでの返信にまたニヤけてノートにペンを走らせた。

もっと僕はこの気分を味わわせてくれたことへの感謝をしっかり感じるべきだった。

今思えば、富男君は芸の道に進むことを続けさせてくれた命の恩人なはずなのに、僕は最低の人間だった……。

加速する相方への要求

「なんでこれくらいも覚えられないんだ！」

初日にして僕は富男君に厳しく当たった。僕の書いたネタを、富男君に渡す。それをその場で完璧に覚えることを、僕は富男君に要求した。

「ごめんな山ちゃん、俺頭悪いから……」

素直に謝る富男君。それに対しても僕は、素直に受け入れるのでなく、「もっと嚙みついてこい」と厳しく返した。それを受けて彼が嚙みついてくると「何もできないくせに文句言うな！」と理不尽な返しをした。

……今自分のこと書いているのに、ものすごくムカついてきました。ってことは富男君は何百倍も嫌だったろうな……。しかしあのときはこんなことさえも気づかなかった。

そんなコンビ、すぐ解散するとお思いの方も多いでしょう。しかし2年は続くのです。

理由はただ一つ、相方の富男君が信じられないくらいにいい奴だったから。毎日僕が書いてきた台本を見ては、「おもしろいね」「天才だね」といって士気をあげてくれた。カレーが好きという話をした次の日にはもう、近くのおいしいカレー屋さんを調べてきてくれた。

そんな人間に、なぜあそこまでひどいことができたのだろう。僕はまだ何も富男君にいい景色を見せてあげられていないのに。

富男君は仲間には信頼され、先輩からもかわいがられていた。気の遣い方もすばらしい。先輩がタバコを吸っているときの灰皿を出すタイミングの絶妙さ、もしその選手権とかがあったなら間違いなくアジア代表は堅いだろうというくらい。そして、僕のどんな無理難題にも笑顔で応えてくれる。

あまりの心地よさに、「富男君が女だったら結婚するなぁ」と漏らしたくらい。

しかしそのとき富男君は、僕の憂いを帯びた潤んだ瞳から、何かただならぬものを感じたのか、「いや、おれ駄目だよ。口くさいし」などとよくわからないうろたえを見せていた。

そんな富男君だが、経歴はなかなかスパイシーなものだった。もともとは暴走族のリーダー、そしてその後、ホストを経てお笑いに。正直、〝族〟の現役時代の富男君に会ったら立場は全く逆だったろうに……。

彼は僕より二つ下とは思えないくらい落ち着いていた。身長は僕よりも高く、元ホストといってもギャル男っぽい顔ではなく、ちょっとごつごつした感じ。実家は栗をむくときに使う栗むき器を作っている工場だと、「甘栗むいちゃいました」をにらみつけながら言っていた。

その工場の跡取りなのだが、親に無理を言って芸人の世界に飛び込んできた。だから、ちょっとやそっとのことではへこたれなかった。富男君は、同期の芸人仲間にこう言ってくれていたそうだ。

「僕は山ちゃんを天才だと思ってる。だから組ませてもらえるだけでありがたいんだ」と……。

だから僕の理不尽極まりないリクエストにも応え続けてくれたのだ。

そこで感謝をして態度を改めるのが普通の人、しかし僕は最低の人間。彼の気持ちに甘えて、暴君として君臨し続けてしまった。富男君の信頼を「何をしても許される免罪符」ととらえてしまっていた。

そろそろストレスで読みづらくなってきた方はぜひ「もし自分が神だったらヤマサトにどんな罰をあたえたい？」大喜利でリフレッシュしてみてください。

早く気づけ、あのころの山里よ。人を怒っているときは、ストイックに努力していて自分の力もついていて、成功への階段を猛烈に走っている気分になれているだろう？

しかしそれは全くの幻想で、自分は本当は立ち往生しているのに、後ろをついてきてくれている仲間を下にどんどん落としていくことでできた距離を、自分が昇っていると勘違いしているだけなんだ！と……。

もちろんこの声は届かない。愚かなる山里よ、まだしばらくその道を進み、後程訪れるとてつもない後悔の炎に焼かれるがいい……。

では、何も気づかずに進む山里青年のお話に戻ります。

天才ごっこ

この時点でNSC卒業まであと1カ月を切っていた。大学にいるときは、自分は何か特別な存在なような気になれた。例えば、3回生の3月就職活動をしている同級生によく言われたのは、「いいな、お前はやりたいことが見つかっていて」だった。さらに続く言葉は「ある程度の収入があって雇ってくれるところならどこでもいい」「そうやって就職先を探しているのだから、モチベーションは全く上がらないよな」とも。

その一言一言が、自分は特別なのだと思わせてくれて心地よかった。何一つ特別なことはないのに。この言葉たちに頼ってばかりいると、ただの勘違いさんになってしまう。それをしっかりと活用するには、認識を冷静に保つことが大事だった。

僕は自分に言い聞かせた。

と。「周りがそう言えば言うほど、どんどんと退路がなくなっていくんだぞ」と。

「自分は特別」という錯覚。これは、「夢をあきらめさせる攻撃」で受けた傷への治癒力となってくれる。僕は、この「自分は特別」という気持ちよさをもっと感じるために、何をしたらいいのかを逆算して考えた。

ここが、天才の方々と凡才の僕の大きな違い。天才は、計算などせずに自然とやったこと・言ったことを、周りが勝手に「特別だ」とか「変わっている」と思う。そういうものだ。

それに対して僕は、周りに「特別だ」と意識させるように仕向けて、自分をそこに追い込んでいく。

芸人は数々のエピソードを持っている、それは普通だったら出会えないようなこと、しないようなことばかり。その中にも天才と凡人の違いがある。だけどそれはエピソードのすごさ……ではなく、意識の有無だと僕は思っている。

僕は奇抜なことをしようと思ってする。一方、天才は、したことが奇抜ととらえられる。ここは埋められない大きな差である。しかしこの二つとも、見ている人には同じ「奇抜なことをしている人」になる。

そこで僕の中で重要になってくることが一つあった。それは、「凡人が奇抜なことをしようとしている」と見せないように努力をすることだった。

こういうことは言うと恥ずかしいことかもしれない。でも努力することによって得るものは相当大きい。得るものとは「おもしろい」「何者かである」と思われるということ。

僕は見せない努力をすることと同時に、偽りの天才としての士気の上げ方を覚えた。例えば頑張って何か奇抜なことをしたときに、自分があたかもそれを無意識にやったかのように自分で自分を褒めるのだ。「いやぁ、よくこんなことやったね！　普通はこんなことやらないよ！　すごいね俺」といった感じで、自分が特殊だと思い込ませた。

人からその奇抜さを言われたときは「え？」みたいな顔をして、僕は当然だと思うけどみんなは違うの？って感じを出した。本当は全然当然だと思っていないし、頑張っただけなのに。

一見ばかげている行動だが、僕にはこれがなかなか効いた。

例えば、公園でいつも猫に餌をあげていた通称猫おばさんという人がいたのだが、その人がいつも餌をやっているところに猫の格好で行き、餌を食べる……。

変わっている人になりたくて必死だった。一生懸命変わっている人を演じていた。しかもそれを瞬時に思いついた、なんとなくやったという顔でこなしていた。

実際は机の上でノートをにらみつけながら考えたことだった。事実そのノートには「天才がさらっとやってそうなこと」と書かれていた。

努力の先に「天才に見えるかも」という目標があるだけで勇気が出てきた。聞く人によっては天才とは程遠い、面倒くさい素人の典型と思われるかもしれないけれど、何とかして自信をつけたかった。自分がどこかで向いてないという気持ちに襲われたときに少しでも助けになってくれれば……という思いからの、必死の行動だった。

圧倒的な敗北感

そのときは解散からの再結成、ゼロからのスタートでNSCの残り期間1カ月となり、とにかく必死だった。

その頃ともなると、最初は600人もいた同期たちも100人以下になっていた。500人の元同期たちは、あるものはNSC中に出会ったベビーカステラ屋さんで才能を開花させ、カステラを焼くことにハマっていったり、またあるものはNSCで学んだトーク力を生かしホストになったり、あるものは東京の芸能事務所の養成所を受けなおすためにバイトをしまくっていたら、その態度が認められ社員にならないか？と勧められ就職したり、いろいろな人生の道に舵《かじ》を切っていった。

それ以外はどうなったのかは今もわからない。卒業間近になって出た授業で「ネタってどうやるんですか?」という質問をしていた彼も、あるいは「芸人はおもろいことしてなんぼ、まじめに授業なんて受けている奴は売れない」と豪語して授業をほとんど受けずに同期の女の子と遊ぶ計画を立てにだけ来ていた自称「ダウンタウンを超える男」も、全身タイツにマジックでスーツと書いていたあの男も。

そんな中で残った100人は、ピンやトリオの人も含めて約50組。この50組に対し、NSCは卒業公演に少し残酷な条件を出してきた。ランク分けだ。

ネタ時間で1分組、3分組、5分組に分けられる。もちろん時間が多いほうが優秀とされるわけで、5分組は5組だけしか選ばれない。いやおうなく緊張させられる。

そして発表の日。僕は「結成してまだ1カ月、これは5分組になれなかったときの素敵な言い訳になる」と自分をなだめながら向かった。

すると掲示板には「足軽エンペラー5分」の文字。その場は、ふーんみたいなリアクション。それは選ばれなかった人への配慮という大人なものではなく、冷静であることによって醸し出される大物感を自分なりに演出したのだった。今思えば、僕のやった演出なんて、世界の蜷川幸雄《にながわゆきお》さんだったら目は半開き、利き手ではメールを打ちながら片手でも書けそうな演出だが、そのときはできる男だと思っていた。

にやけ顔を抑えつつ次にしたのは、5分組のほかのコンビの名前の確認だった。正直ここはライバルという言い方がしっくり来る。残りの4組の名前を確認する。いずれもずっとトップとして君臨してきた名前の通ったコンビだった。だからそこに足軽エンペラーが並べたのは、かなり嬉しいことだった。張りぼての自信に大きな貯金ができた。たった1カ月でここに並んだのだという大きな貯金を手に入れた。

その日の帰り道、いつもネタ合わせをしていた難波の駅裏の大きな駐車場で、富男君と大喜びをしたのを覚えている。そしてお決まりの「富男式褒めリラクゼーション」も。「山ちゃん、さすがだよ」「山ちゃんのネタがよかったから」……とトロトロに癒やしてもらった。「俺らいけるな」と自信もできた。

「結成してまだ1カ月だから」という駄目だったときの言い訳に使うはずのこの言葉は、「結成して1カ月なのに」と、その何倍もの効果を出して、僕の張りぼての自信をより強固なものにしてくれた。

本番に、それが剝がされるなんてそのときは思いもしなかった。

5分組に入れたことで、喜びのあまりその掲示板にあった、あるものを見落としていた。

そのあるものとは、「MC　キングコング」。僕らはキングコングの下にいるという会社からの通告のように思えた。

卒業公演が始まる。満員のお客さんの前にキングコングが飛び出す。それだけで黄色い声援が飛び交う。

おかしい。同じ時間を過ごしてきたはずなのに、同じだけの金額を払って、同じ授業を受けて、なのにこの圧倒的な差はなんだ？　ネタ合わせをしている耳に届いた黄色い歓声は、頭に嫌な疑問をたくさん生み出した。

卒業公演は時間の差こそあれ、誰でも出られた。だからめちゃくちゃなネタの人もいたし、ただ立ち尽くしてしまう人もいた。そんな人たちをキングコングがしっかり笑いにしていた。

自分に置き換えてみた。できるか？　あれが。その答えは、頭を振って問題ごと消した。自分たちの出番が来た。形にはなったがキングコングに仕切られた。終わった……。

忘れない、この嫉妬を。

これをエネルギーに変えることが、これからの僕を絶対救ってくれる。

モチベーションは低くて当たり前

大学4回生になると同時にNSCを卒業。

周りは就職活動も終盤を迎え、決まったものは遊び、まだのものはなりふり構わず面接を受けまくる、全体的にまだざわざわとした時期。そんな周りの流れと全く関係なく僕の時計は動いていた。

そのころ、周りからしょっちゅう言われていたのは「いいよな、お前は決まっていて」「就職活動のつらさを経験しないでいいなんて、ラッキーだな」などなど。これらの言葉に噛みつこうと思えば噛みつけた。就職しないことによる不安だってあるとか、気楽だみたいなこと言われるけど、ネタでスベったときはつらいんだとか。

しかし、それを返すことのメリットなんて一つもないこともわかっていた。マイナスに受け止めてぶつかりに行こうとするのを、自分のためになるような力に変えようとした。

だから、いつもその手のことを言われたときは、その言葉通りに受け取り優越感を楽しむことにした。このおかげで、心地よく退路を断つことができた。ただし、優越感を楽しむためには必要なものがあった。

それは「張りぼての自信」と「自分はお笑いを頑張っていると思える行動」だ。これがなくなったら、やっぱり僕はすごく不安になってしまう。

その「頑張っていると思える行動」には、自由にいろんなものを当てはめていた。「お笑いのために」という魔法の枕詞をつけることによって、なんでも自信につながられた。「○○のために△△する」という考え方が僕は好きで、今イチやることにモチベーションが上がらない場合、この空欄に明確なことを入れると、けっこう動けて、やる気になれた。

また、このモチベーションという言葉の怖さも自分なりに理解して付き合っていた。「モチベーションが上がらない」なんて言ってダラダラしていると、「仕方ない」という言葉が頭に出てくる。この言葉がさらにダラダラを長続きさせる。

そもそもモチベーションなんて上がっていないのが普通なのだ。モチベーションが上がっている状態っていうのは、あの国民的兄弟キャラのゲームの中で言うとスターを取っている状態。ただのラッキーで、モチベーションが下がってる状態が通常なんだから、常として頑張らないといけない。そう考えるとサボる数は減った。

さて、NSCを卒業したからって別にデビューできるわけでもなく、仕事もオーディションくらいしかない。何かもっとお笑いのためにしなくては……と思い、「お笑いのため」の行動の一つとして、NSCのアシスタントになることにした。

アシスタントといってもやることはただの雑用、プリントの配布やコピーなどするだけ。一日中いて3000円程のお給料、時給300円というひょっとして自分は30年前にタイムスリップしてしまったのかしら？と思わせてくれる額だった。

ただそこにはとんでもないうまみがあった。本来卒業したらネタを見てもらうことはできないのだが、授業終わりに時々講師がネタを見てくれるのだ。

そのアシスタントをしているとき、奇妙な女が入ってきた。年はNSCの規定である25歳を明らかにオーバーしているが、25歳だと言い張り、自己紹介ではクオリティーの高いモノマネと1人喋り、そして「将来的にタモリさんと絡みたい」と大口を叩く。ただ毎回おもしろいことをやっていて、僕らを焦らせてくれた。その奇妙な女とは、後に女ピン芸人で大活躍する友近だった。

そのころからだろう。僕の無理難題に全力で応えていた富男君は、そのせいでバイトもあまり入れられず、やせこけていった。

芸人になれない日々

そのころの僕らの毎日は、NSCにアシスタントとして朝から行き、授業終わりにネタを見てもらい、それ以外はネタ合わせをする。そして、月に一度劇場で行われるオーディションイベントに出る、の繰り返しだった。このライブは劇場のレギュラーメンバー入りがかかったもので、プレステージという。ここで勝ち上がるとようやく芸人としての仕事が入るようになる。プロへの最初の関門ともいえるゴングショー形式のイベントだった。

このゴングショーにエントリーするには朝早く劇場に行き、出場するライブのチケットを4枚買い取る必要があった。数に限りがあることから、徹夜組がいるときもあった。月に一度のエントリーの日には劇場の前に大行列ができていた。まだプロになっていない若手芸人たちが大行列を作って黙々と待っていた。あるグループを除いて。それは4人の男性で、インディーズでライブをやっている2組のコンビだった。その2組4人は持ちこんだ酒を飲みながら、大きな声で話をし、大きな声で笑っていた。絶対こんな人たちは売れない。僕はそう思って疎ましく見ていた。

僕の眼力なんてあてにならない。その2組とは笑い飯と千鳥だった。

煙たがりながらも異常な行動ができる天才性をどこかで少し嫉妬していたところもあった。2組の当時のネタは、持ち時間全て無言で客をにらみつけるだけで終わるなどという、かなりの奇才っぷり。しかし時代が早かったのか、しっかり落ちていた。この時点では変な人たちという距離感だった。

さてプレステージだが、合格すると決勝戦はお客さんの投票となり、15組が出るなかの得票数の多い上位3組が、さらに上のライブに出られる権利を手にすることができる。

お客さん投票ということでいろいろな作戦をとる人がいた。他のコンビからチケットを買い取ったりするコンビや、ファンのリーダー格的な女の子がチケットを買ってそれを渡しながら意中のコンビに入れてくれるよう頼んでいたりとか。

僕らは決勝戦まではよく来ていたけれど、なかなか僕らにはそんな熱心な女性ファンはいなかった。

だからシンプルに2人の持ってるお金でチケットを買えるだけ買い、それを寮の先輩や同期に渡していた。一度富男君がバイト先のホステスに大量にチケットを渡したときは、劇場の大半を香水の香りに包まれた女性たちと同伴のおやじが占めることになった。しかしそのときはそれでも勝てなかった。なぜだと思っていたら、みんな投票せずに途中でお店に行ってしまったからだった。

そのプレステージ決勝。何度か出ているうちに、不正な票がなくても勝てるようになってきた。そして次なる戦いの打席をやっともらえる。

上位3組になると、いよいよ「芸人やっています」と堂々と言える権利をゲットできるレギュラー獲得イベント「ガブンチョWAR」に出ることになる。その先にある「ガブンチョライブ」にレギュラー出演するための入れ替え戦だ。

当時そのレギュラーメンバーには、フットボールアワー、ブラックマヨネーズ、そしてキングコングらがいた。ここに出ていると吉本からテレビの仕事などももらえるようになる。

僕らはこの入れ替え戦には何度も出た。が、そこまでだった。結局、足軽エンペラーはここで一度も勝つことはできなかった。

このときも僕は相方にその責任を押し付けていた。でも本当はこの頃には、はっきりとではないが、気づいていた。

相方どうこうじゃなく、ネタがよくないということに。その事実が垣間見えそうになるときには、それを振り払うかのように相方に対して厳しくあたった。

自分に非があるという事実を見えなくするために。

天才じゃない。それどころか才能がないと思い知らされないために。

「おもしろい」がわからない

正直、おもしろいものを創るということがわからなかった。そのときのネタは、僕は自分でやっていて楽しいものではなかった。学校の課題をやっているような感覚で、でもそのときはそれが当たり前だと思っていた。楽しいはずない、仕事なのだから、と。

これがプロ意識ってやつ？　くらいの誇らしささえ思っていた、絶対違うのに。

その当時の作り方はこんな感じだった。

【病院のネタ（山里　医者、富男　患者）】
富男　すみません、風邪を引いてしまいまして。熱っぽいんです
山里　冷やしたほうがいいな、じゃあこれおでこに貼って
富男　なんですか？
山里〔寒いとされている芸能人〕（※おもしろくない）の写真です

ここに誰を入れたらウケるか？　を黙々と考えて、50個考えたら、そのときに一番いいと思ったものを入れるという感じで作っていた。

今世間はこう言ってるから、そうじゃない奴をここに入れようといったやり方で、自分がおもしろいという感覚で考えることはできなかった。薄っぺらいネタしか作れなかった。

仕方がない。それ以外を創れる才能がなかったから。その才能を補う方法すら思いつかなかったから。

「えなりかずきをここで言ったらウケるな」「ここは松崎しげるは黒いみたいなのをいれよう」。テスト問題を自分で作って、そこの解答欄におもしろいとされている単語を入れるという繰り返し。

ただそれがオーディションライブだと、ある程度はウケてしまう。だからまた一生懸命作ろうと考える。駄目なループだった。もっとしっかりしたお笑いの作り方を考えなくちゃ駄目なのに、思いつかない恐怖に直面したくなかったから、このある程度のネタを突き詰めようとしていた。

当時、僕らのネタ作りは一言一句、全て僕が考え、それを富男君に覚えてもらっていた。それはネタ合わせというよりも、ただの暗記作業。楽しいと実感するのは難しいものだった。もちろん富男君にとっては、もっと楽しいなんて思う隙間のない作業だっただろう。

このモヤモヤを晴らすために、僕の周りでおもしろいと評価されていた人たちのネタ作りを見せてもらった。

圧倒的な敗北感だった。それは、ボケのほうがボケだけ考えていって、あとは2人で話しながら作っていくというものだった。台本を覗き見るとボケだけが書いてあって、突っ込みの部分は空欄になっていた。それがすごくうらやましかった。

そこから、ボケが台本にもないようなことを言ったりして2人で笑いながらネタ合わせをしていた。

僕はネタ合わせで笑ったことなんか一度もなかったから、心底うらやましかった。そこで本来なら軌道修正すればよかったのに、僕は間違ったほうへ行った。そうちがあれをできないのは、富男君の能力が低いせいだ。本当ならもっと楽しくできるはずなのに。

富男君を恨むことで、自分には自由にボケる才能がないことから逃げた。

笑顔のないネタ合わせは、その不満も帯びてますますイライラとした空気になった。

そんな中で僕は、ただ黙々と富男君に暗記をさせ続けた。

超戦略的オーディション

暴君山里の数々のひどい仕打ちにも富男君は文句を一つも言わなかった。本当にいい奴だった。

どんなにスベっても、ネタを作った僕を責めることはなかった。彼は自分を責めるか、一番の禁じ手である言葉を使ってくれた。

「客が悪いね、山ちゃんはおもしろいのに」。この一言は現実逃避をさせ、辞めたくなるという最悪な結末は隠し続けてくれる。

何も成果を出せないまま、ただただこの繰り返しだった。

そんな足軽エンペラーにある日、転機が訪れた。

当時人気だった全国区のバラエティー番組のオーディションに合格したのだ。番組名は「ガチンコ!」。時間は火曜日夜9時、いわゆるゴールデンといわれる時間に放送されていた人気番組だ。メインMCはジャニーズの人気グループのTOKIOという、それはそれは、月に一度しか舞台のない僕らには、きらきらと輝いていた番組だった。

企画は、大阪の漫才の重鎮・巨人師匠のもと、最後の1組になるまで競う。勝ち残った1組には10日間の単独ライブと、冠番組がもらえるということだった。ここに集められている人間にとっては破格の賞品だった。

月1回の劇場のオーディションに受かったり落ちたりしているくらいの僕らには、とんでもないチャンスだった。

オーディションの日取りを告げる電話が会社からかかってきた。そんなことすら初めてだから、それだけで芸人気分が味わえて、少しテンションが上がったのを覚えている。

そこから僕の中でオーディションが始まった。とりあえず録りだめしておいた「ガチンコ！」のビデオを見まくった。不良がボクシングに挑戦する企画や、脱サラしてラーメン修業する企画、どれも刺激的な内容だった。そこでは出演者が講師や仲間と激しくやり合っていた。

僕は決めた。「ぶつかろう」と。富男君を呼び出し、こう伝えた。

「富男君はお笑いをなめている人になって」

対する僕は「お客さんあってのお笑い芸人」という、完全に良い人の役割をとると宣言した。

そしてオーディション用のコメントの返答例を書いたものを渡した。その紙の内容は、

・（あなたにとってお笑いとは？的な質問に対して）簡単です。喋ってるだけで金がもらえる

・（相方について聞かれたら？）まじめすぎる。お笑いなんて一生懸命やったら笑えない

※全体的に巻き舌な感じ

というよくわからない注釈もついていた。

これを使って練習をし、オーディション対策用の台本も書いた。

山　どうぞお座りください
富　（大またで無愛想に、足は開き気味に座る）
山　コンビ名は？
富　足軽エンペラーっす
山　あなたにとって漫才とは？
富　喋ってるだけで金がもらえるもの
山　相方のことをどう思いますか？
富　売れるための道具

僕からのダメ出しも、「もっとだるそうにしゃべって」とか「どうする？　ガム嚙みながらいく？」とか「元暴走族感出して」といったものだった。

そしてオーディション当日、テレビ局のスタッフさんが5人ほどいる部屋に1組ずつ呼ばれる。自分たちの番、まずは3分ほどのネタ見せ、2人ともかなり緊張していた。

そしていよいよ質問タイム、そのとき、富男君に異変が！

そう、彼の純粋なまでの素直さがここでスパークした。ものの5分ほど前に「足軽エンペラーです。警察になりたくないというネタです、お願いします」と謙虚にしていた富男君だったが、テレビ局のスタッフさんの「お座りください」をきっかけに、急にだるそうに足を広げ、しまいには口の中にないはずの空想ガムをかみだす始末だった。そして受け答えも全て合わせたとおりにぶっきらぼう。もう駄目だと思った。

オーディションからの帰り道、富男君と「まぁ地道にやったほうが一発屋にならないしね」的な会話をして、傷口を強引にふさぎながら帰った。

ところが次の日、いつもネタ合わせをする駐車場に向かうときに僕の携帯が鳴った。電話の相手と数秒話して、携帯をポケットにしまうかしまわないかくらいで、もう大きな声が出ていた。コンビニにビールを2本買いに行った。

僕の中で最も格好いい祝杯のあげ方があった。それは、待っているパートナーに缶ビールを投げて「え⁉」という顔をする相手に、サラッと報告するパターン。イメージはトレンディードラマの主役だ。

富男君のもとに向かう。いつものようにいつもの場所に、富男君はいた。そこに僕はビールを投げる。そして一言「『ガチンコ！』合格だって」。

決まった。100点だ。このシーンを月9で流さず、どこで流す！と自分に酔いしれた。

富男君の横にオーディションに落ちた先輩の姿を確認するまでは。しかも投げたせいで泡が噴き出し、先輩の服に……。なんとなく駄目な感じで合格発表を終えた。謝りながらも終始笑顔の富男君を見て、富男君も相当嬉しかったんだろうと思った。

〝姑息ちゃん〟の勝利

足軽エンペラーの全国デビュー番組、「ガチンコ！」の収録が始まった。何もわからない僕らには、目の前にあるたくさんのカメラや大人たちを見ても、まだテレビを観ているような感覚に近かった。スタッフさんの「それでは収録始めまーす」の声で緊張感が一気に膨れ上がっていき、自分が芸能人になるんだ！という気持ちがあふれてきた。大きな部屋に数十組の若手芸人がびっしり集められていた、みんな歳は同じくらい、劇場で見たことのある先輩もちらほら、その中にはブラックマヨネーズさんなど、今も大活躍しているような先輩もいた。どうやら、これからいろいろな課題が出され、サバイバル形式で落とされていくということだった。

1回目の課題は「運」。くじを引いて当たったものが次に進めるということだった。富男君は、見事当たりくじを引いた。

そして1週間後、収録のために再び東京へ。次の課題が発表された。それは「遊園地で一般のお客さんの前でネタ披露」。そこでの出来によって1組落ちる、というものだった。翌日スタッフさんがネタ合わせのシーンを撮ると聞いていたので、僕は大阪に帰ってすぐ明日の〝ネタ合わせのネタ合わせ〟を富男君と始めた。つまり、ネタの練習ではなくて、どう映るかの作戦会議だった。

翌日ネタ合わせの風景を撮るためにスタッフさんが来た。ネタ合わせ中にも、ギスギスした感じを出した。スタッフの人が喜んでくれた。

そのときに富男君と決めていたこと。それは、富男君のスタンスは「俺らだけがおもしろいと思っているネタをやればいい」というもの。で、僕は「お客様あってこその芸人だろ」というスタンス。いい役は僕、という生粋《きっすい》の器の小ささを披露している。そこでの僕のセリフは、

「俺たちは壁に向かって漫才しているんじゃない！」

これを言ったら、スタッフさんはさらに喜んでくれていた。そこにさらなる作戦、その名も「途中で帰ろうとした富男君を止める山里、そして山里の胸倉を摑んで解散をにおわす一言を言い放つ作戦」。これも決行した。

ただこれは富男君が止められるのを意識しすぎてものすごいスローになるという不自然さ＋ずっと解散をにおわすセリフをぶつぶつ練習していたのがマイクに入るという事件でカットされた。

遊園地でのネタ披露には、そのころ一番ウケていたネタを持っていった。結果は見事残ることができた。スタッフさんが積極的に話しかけてくれたり、明らかにカメラが裏側を追ってくれたりするのを感じて、ネタの良しあしもあるが、変な自信はあった。それが姑息というなんて、あのときはあまり気づいていなかった。

そして次の課題が発表された。

「お題漫才」。与えられた二つのお題で即興で漫才をするというものだった。

当日、残り5組。そして本番スタート。結果、またしても勝ち残ることができた。

ここらへんから世間でのオンエアも始まり、街中でもひそひそ言われるようになってきた。

ただこの番組の特性上、ヤンキーの方が多く見ていて、からまれる頻度もぐっと上がった、ある日街中でヤンキーの方に囲まれ怒鳴られた内容が今でも理解できなくて覚えている。

「巨人師匠からもっとしっかり学べやカス！　礼儀とかで師匠キレさすなや！　殺すぞ！」

まずあなたが何かを学ぶべきでは？と思ったが、これが世に言う有名税か……と逃げていた。

残す課題もあと2回、そろそろてっぺんが見えてきたということでかなり浮き足立ってきた。この頃はサインの練習の時間もいよいよ長くなってきた。

そして次の課題は、関西の重鎮の師匠たちの前でネタ見せ。若手にはかなり緊張する課題だった。師匠に見てもらうという条件を聞いた時点で、僕は決めた。オーソドックスな、基本に忠実なネタでいこうと。

みんなネタにはこだわりがあるもの。そこを貫き通すことの格好よさはわかっていた。だが今は、師匠に見ていただく以上、その格好よさを出すときではないと富男君と話をした。基本に忠実なネタにし、さらに多用していた芸能人を使ったボケを減らした。

結果、勝ち残った。決勝進出、つまりゴールデンでネタを披露できる。そして若手のうちに立つのが相当困難な「なんばグランド花月（NGK）」に立てるという成果を得た。

そのときそのときの最善のゴールは何かを見つけて逆算するという行為は、すごく大事だとこのとき気づいた。

決勝の舞台、漫才の聖地NGK控室でネタ合わせをしながら、何回かに分けて頭によぎる「売れる！」の文字、今日を境に芸能人になるという期待感、どうしても勝ちたいという思いが、僕の中の〝姑息ちゃん〟を召喚して小さな技を使っていた。

出番前にコンビで喧嘩をして険悪な空気になるとか、ネタ合わせ全然できてないと嘘をついたり、直前でネタを変えるとか言ったり。もちろん全て嘘だったが、緊張から逃げるにはちょうど良かった。

そうこうしているうちに開演のベルが鳴る。TOKIOさんが満員のお客さんに趣旨説明をする。舞台袖でそれを見ていたら、緊張で吐きそうになっていた。それはほかのファイナリストもそうだった。

いざ足軽エンペラーの出番、見たことのない景色だった、900人くらいのお客さんが覆いかぶさってくるような感じだった。

その中央には、必死で祈るポーズをとっている母親がいた。目の前に両手を握りしめ、舞台は見ていなかった。

そんな中、聞いたことないくらいの笑い声を聞いた。その結果、足軽エンペラーは優勝した。

初めてネタを創った日

番組の優勝で手に入れたもの、それは10日間の単独ライブと足軽エンペラーの名前の付いた冠番組。ここから一気にスターへの階段を駆け上がる。父ちゃんもコネを使った入社話を白紙にしたと聞いた。さぁ売れるぞ！と思っていた。

しかし、実際は売れるどころか、だんだんと落ちていった。

初めての単独ライブの準備、そこで僕はずっと付き合っている、ある問題にぶつかった。それは、僕の中にお笑いにおいて「これがやりたい」という気持ちがないということだった。

「こうすれば人は笑う、この有名人を使えばウケる」という考え方ばかりしてきたせいで、単独だから自由に自分の好きなネタを書いていいと言われても書けなくなっていた。

単独ライブが僕に突きつけたのは、自分がお笑いを生み出す能力があまりないという事実だった。

必死で今まで使ってきたネタの組み合わせ方を変えて使いまわす、そんなネタ作りになっていた。

そんな中での単独ライブスタート。番組で告知してくれたわけでもないので、お客さんはほとんど来なかった。見栄えが悪いということで番組のADさんがサクラとして座っていた。しかし、日々の激務のせいだろう、最初から熟睡していた。

そこに両親もいた。一生懸命手を叩いている母親に涙が出そうになりながら初日の単独を終えた。

単独はあと9日……どうなるんだろうか？　不安だった。次の日は両親がそれぞれ同僚や近所の人たちを連れてきた。学生時代の同級生もみんな来てくれた。高校時代の恩師も来てくれた。90人で満員という小さな劇場だったけど、初日の景色を知っていたおかげで、半分以上が埋まっているぐらいの状態でも幸せに感じられた。

そしてそのときの笑い声が、何もない自分の中に「ネタを生み出す種を考えてみては？」という勇気を呼び起こした。

折り返し地点の5日目に、新しいネタをやってみた。大きな笑い声が聞けた。そのネタは、漫才をジャニーズみたいにドームとかで派手にやるというものだった。作ったときは、これまで感じたことのなかった感覚があった。このネタは「作った」というよりも「創った」と言っていいのでは？と嬉しくなった。

創ることができないという劣等感がずっとあったから……。

僕はすぐにそれを公式化した。

公式化なんてたいそうな言い方をしているが、単純にノートにこう書いた。

「A×B。このAとBのリンクがおもしろい。AとBの距離が離れているほど斬新に見せることができる」

斬新に見せる＝天才と見てもらえる、こんな公式だった。

これまで、こだわりを持てない、おもしろいものを創ることができないという欠点にやられそうだった。だけどこの単独ライブで、人が作ったおもしろいものをはめこむだけじゃないネタを作れたのは、大きな自信になった。自分は「これだけ」しかできないと決めつけているときほど、それ以外を試してみることは大事なことだと思った。できないという言葉は、冷静な分析なんていう良いものではなく、しんどい作業から逃げる簡単で恐ろしい言葉だ、そう思えた。

そして10日間、最終日は満席で終えることができた。

このまま足軽エンペラーでゆっくりではあるが正解を手に入れる日は必ず来る。頑張っていける。そう思っていた。

解散

いつの世も暴君が長く君臨することはない。それは足軽エンペラーという小さい帝国でも例外ではなかった。

前でも言ったように、僕は富男君に対して、理不尽極まりないことをしてきた。

いつものようにネタ合わせをしていた。この日はいつにもまして僕は熱が入っていた。

その理由は、ついに足軽エンペラーとして「ガチンコ！」以来久しぶりのテレビが決まったからだった。その番組は関西ローカルのものだったが、関西の若手芸人には憧れのネタ番組だった。

その番組のオーディションを受けたところ、なんと合格した。

その知らせを受けた日の夜、2人で初めて酒を飲みに行った。「俺たちいけるな」と言うと富男君はいつも通りの笑顔で「ありがとう、山ちゃんのおかげやわ」と言ってくれた。

それからというもの僕の熱は上がる一方だった。

「あのネタ番組に出るのに失敗したくない」

この気持ちが、僕を悪いほうへとどんどん引っぱっていった。悪い癖がまた出た。

「俺はできている。ネタも大丈夫。なのに、なんで不安が拭えないんだ？　富男君ができてないからだ。このままじゃ駄目だ。富男君ができていないから手ごたえがないんだ……」

僕は、富男君を追い詰め続ける自分を省みたり、ネタのパワーアップを考えたりせずに、いかに富男君が駄目か、どこが駄目か、どこを怒ろうか、こんなことばかりを考えるようになっていった。

ネタ番組前日に事件は起きた。いつものネタ合わせの場所に着いたが、富男君の姿が見えない。携帯も通じない。イライラがつのる。約束の時間から20分遅れて富男君が走ってくる。

「ごめん……」

遅れた言い訳の入り口にも入らないくらいのところで、僕の怒号が響き渡る。富男君に一文字もはさませないくらいに、罵声を畳み掛ける。なんの躊躇もなく。

その流れ出る罵声を止めたのはドンという鈍い音だった。富男君が震えながらこぶしを固めていた。そのこぶしが少し赤くなっていたことから、さっきの「ドン」の正体は富男君が壁を殴った音だとわかった。

そして初めて富男君は感情をむき出しにした声で叫んだ。

「殺すぞコラ!」

ただならぬ雰囲気に、何を思ったか僕から出たセリフは、「ネタ合わせなんだからそんなに怒るなよぉ」という、さっきまで怒鳴り散らしていた男とは思えないもの。その一言が怒りの炎に油、それも上質な油を注いだらしく、富男君は狂ったようにキレた。怒鳴り声をあげながら、近くにある自転車を両手に1台ずつ持ち、それを僕に向かって投げた。

実はこの場所は交番の目の前だった。なので、すぐ警察官が助けに来てくれるかと思ったが、見てるだけで助けに来てくれなかった。理由を後で知って驚いた。それは、毎日のネタ合わせでの僕のひどさを見ていて、いつかこうなると思っていたからということだった。富男君は国公認の大暴れをしたのだった……。

そして、ついにあの言葉が出た。

「もう無理だわ、解散する」

よくわからないが、絶対この言葉は富男君から出ないと思っていた。それだけに返す言葉なんか、自分の引き出しのどこを探しても見つからず、ただ呆然とするだけだった。

「じゃあ」と一言残し、富男君はいつものネタ合わせをする駐車場から去っていった。

その背中を見ながら、声にならない声で「待ってくれ」と言った。頭が真っ白になった。しばらくそこから動けなかった。カップルの別れのシーンじゃないが、今までのことが僕の脳内シアターに流れた。

その映画は、傲慢な王様と従順な家来の映画だった。僕が客として見ていたら真っ先にあの王を殺したいと思ったであろう。そんな物語だった。その王様は今、唯一の仲間を失って、ただのわがままな人に成り下がった。

富男君がいたから自分は王様でいられたんだ。そう思ったところでもう何も変わらない。後悔なんて言葉じゃ生ぬるい、なんとも言えない感情に支配された。

「もう一度」と言えなかった

　どれくらい時間が経ったかわからない。ただその間もうっすらとした意識で何度も富男君の携帯を鳴らし続けていたようだ。

　ようやく周りの景色も見え、冷静になってきた。するといろいろな情報が今の状況に結びついてたくさんの問題を投げかけてくる。

　足軽エンペラーのファンだと言ってくれた両親、大学時代の仲間……。長距離トラックの運転手をしていた兄は僕らのビデオをトラックに積んで、いろんな地方で見せていると嬉しそうに言っていた。そんな笑顔に対して何て言えばいいのだろうという罪悪感に似た感情。俺は大学を出て何もしてない、周りのように就職なんてできないといった将来の不安。

　その中でもリアルな問題が目の前にあった。そう今日は憧れていたネタ番組の前日だったのだ。

　自分が情けなかった。せっかく摑んだチャンスを自分で手放した。しかしもうどうしようもない。僕は会社に辞退する電話をしようとした。

　できなかった。

しばらくその場で立ち尽くしていた。周りでは自分たちと同じような位置の芸人がネタ合わせをしていた。楽しそうだった、うらやましかった。僕にはもうできないのではないかという悲しさと不安に襲われ続けた。

携帯が鳴った。富男君からだった。何を言っていいかわからなかったがとりあえず出た。

「もしもし」

数時間一言も発していない喉は、渇ききってうまく声が出せなかった。富男君も同じような声をしてこういった。

「ごめん。今まで足引っ張って、ごめん」

何も返せなかった。声のトーンから、「これから頑張るわ」という富男君のいつものセリフが出ないことははっきりわかった。

「あぁ……」

ため息とも返事とも取れるようなものが出た。ただそのあとのコメントは富男君らしかった。

「山ちゃんはこれからもお笑いは続けるよな? 続けたほうがいい! だから前日にテレビ出演を断るなんて悪い噂が付いてまわったら駄目だ。最後の最後まで足を引っ張るのは嫌だから、明日を俺の最後のお笑いの日にするわ。わがまま言ってごめん」

「あぁ」

またこの言葉が出た。さっきのとは意味合いが少し違った。これ以上の文字数を発すると泣いていることがばれるから、極力少ない言葉で話すしかなかった。

翌日、予定時間より少し早くテレビ局に入って最後のネタ合わせをした。いつも怒鳴り続けていたネタ合わせ、そこには一切怒鳴り声なんかなくて、むしろ楽しそうにのびのびとネタ合わせをする富男君がいた。納得のいく形でできた。

決してこの1日で富男君が急なレベルアップをしたわけじゃない。富男君は何も変わらずネタ合わせに付き合ってくれていた。単純に、僕の目がこの富男君を見ていなかったんだ。この楽しそうに漫才する富男君を止めていたんだ。

僕の陥っていたミス——相手を叱りつけることで自分ができていると思ってしまうというミスはこんなにも駄目なことだったのか……。もう、何もかも遅いけど。

いざ本番、最後の漫才は富男君のおかげでうまいことできた。富男君ものびのびとやっていた。楽屋で「もう一度……」と言おうとしたが言えなかった。決意を固め、すがすがしい顔をしている富男君を見たら。

こうして足軽エンペラーは終わった。

いいネタはどうしたら生まれるのか？

「ガチンコ！」を優勝という形で終え、周りからちやほやされたガチンコバブル絶頂期のころ、ある噂を聞いた。

「インディーズでお笑いのライブをやっている人たちが、僕らのことをバカにしまくっている」と。

そのバカにしていたのが「笑い飯」「千鳥」という2組だった、しかしこの段階ではまだ僕らと同じで、オーディションを受けていたレベル。ネタを見たことがなかったので、こっちは反発心だけしかなかった。後にネタを見て、完膚なきまでにやられるまでは。

その2組の前に、バッファロー吾郎さんについて。このコンビのお2人はいろいろな芸人さんからリスペクトを受けている。

「ネタは、ネタをやる人間がおもしろいと思うものをやればいい」

この当たり前のようだが、すごく難しいテーマをまっすぐにやっていて、お客さんも賛否両論はっきり分かれていた。そんなバッファロー吾郎さんの主催する「ホームラン寄席」というイベントがあった。

これはバッファロー吾郎さんが自ら足を運んで自分のおもしろいと思った芸人を発掘しゲストという形で招き、ネタをやるというイベントで、ここに出ると、関西の芸人の間ではおもしろい芸人として認められたと胸を張って言える、そんな場だった。

もちろん自分のおもしろいと思うものが見つけられず、笑いの公式を必死で作っている僕には縁遠い世界だった。

しかし、そこについに登場したのである。「笑い飯」と「千鳥」が……。

彼らがおもしろいという称号をもらったと聞いたとき、前に聞いていた「僕らをバカにしている」という情報が、格段に威力を増すことになった。

僕は最後の希望を胸にした。それは「言うほどその2組もおもしろくはないのでは？」というもの。それならバカにされていても無視できる。

最後の望みをかけて、僕はネタを見に2組がやっているインディーズに変装して行った。変装といっても眼鏡をコンタクトに変えるくらいのことだったが、そこで見た二組は僕の最後の希望を叩き壊した……。

ものすごい笑いを起こしていた、というわけではなかった。

むしろスベってるくらい。でも何人かいる男性のお客さんは腹を抱えて笑っていた。

「おもしろい」、その言葉が突きつけたもの。おもしろいと思う人からおもしろくないと思われている自分の情けなさを痛感した。

だけどこの圧倒的な敗北感をそのまま噛みしめていても地獄の時間にしかならない。

どうすればいいか？

圧倒的な敗北感を次の行動をするエネルギーに変換すればいい。

すぐに動いた。先輩の仲介で酒の席を設けてもらい、その席で直球を投げてみた。

「どうしたらああいうネタができるんですか？」

その答えは2組とも一緒だった。

「自分が客席にいたとして、その自分が見て笑うものをやっているだけ」

当たり前というテンションで出されたその答えは、僕にとっては衝撃的だった。

僕が考えているものには、いつだって自分はいなかった。お客さんは何を言ったら笑うのかばかりを考えていた。

もう1人の自分を置く……。もう1人の自分って？　自分は何を笑っている？　何がしたい？　俺って一体？と考え始めたものの、すぐには答えは出なかった。

でも、おかげでもう一つ自分のすべきことがわかった。自分が笑っているときに、なぜ笑っていたかをノートに書きまくることだった。まだ爆発的におもしろいネタは書けないし、客席に自分を置くことはできなかったけど、そのゴールがあるということを知れただけで、努力する方法が増えたのが嬉しかった。

媚びを売って何が悪い!

「ガチンコ!」が僕にくれたもの。それはやや長めの天狗の鼻と多少のちやほや、そして素敵な出会い。僕はここで放送作家「小倉さん」と出会う。

ガチンコでの優勝でもらった僕たち初の冠番組は、当初深夜12時スタートと聞いていたが、日が経つにつれて1時間ずつ遅くなっていき、最終的に深夜3時放送になった。全国放送と聞いていた放送も関東ローカルになったりと、なかなかスパイシーなデビュー戦を飾った。

そしてもう一つの賞品「10日間単独ライブ」。

まだ月に2、3回しか舞台に立ってない僕らにはすごすぎる賞品。ただここで右も左もわからない僕らに吉本興業から放送作家さんをつけてもらえることになった。

その放送作家さんが小倉さんだった。ネタを見てくれたり、アイデアを出してくれたり、ライブの構成もしてくれるという。

初対面の日は今でも覚えている。顔合わせということで吉本の本社に呼ばれ、指定された場所に行くと、いすの上に立てひざで座り、きょろきょろと周りを見回している奇妙な男性がいた。恐る恐る近づくと、僕らをニヤニヤ見ながら「どうも小倉です」と軽く挨拶。そして跳ねるように立てひざから普通の座り方に戻り、これからどうしていくか?を話した。

変な人だな……が第一印象だったが、実は中川家さんのM-1初登場で優勝したネタを書いた人だと聞いて一気に信頼した。現金な理由で急遽湧き出たリスペクト、全て話を聞くことにした。

何度か打ち合わせを重ねる。このとき自分の中ですごく考えさせられることに出くわす。

それは「どんなことやりたい?」という質問に全く答えられないということだった。僕には自分が何をおもしろいと考えているか? そういうものが全くなかった。必死でキーワードを探し、公式にはめ込む作業がお笑いだと思ってしまったことが、その発想のなさの大きな要因だと気づいた。

自分が薄っぺらい人間だと痛感させられる。しかし、その痛みを努力に変換する。駄目だからやらないのではなくて、駄目な自分だからこそ努力量を増やさないといけない。こうすると、そう思えた自分のことをすごいと褒めてあげられるし、何よりシンプルに人の意見をしっかり聞ける。駄目なときはこれを頭において乗り越えた。

そして単独ライブを迎えた。ライブがどうだったかは前述したとおり、なんとか走り抜けることができた。

ライブが終わっても、小倉さんにはお世話になり続けた。ある日、小倉さんが作家さんを集めてアメリカンフットボールを始めるので一緒にやろうと声をかけてくれた。軽い気持ちでOKしたら大変なことになった。毎週、朝7時から3時間というハードさ、しかし僕らは行き続けた。いやらしい話、そこには甘い蜜があったから。

まずネタを見てもらえること、そしてこのチームにはたくさんの業界人がいるということ、事実、僕らはその人たちのおかげで前説（テレビの収録前にお客さんの拍手の練習や注意事項を言う）の仕事などをたくさんもらっていた。僕らがいたオーディション組の立場ではありえない好待遇だった。

もちろん、それを快く思わない人たちもいた。「いいなぁ、お前らは作家に媚びて仕事もらって」と嫌味も言われたが、僕は何一つ気にならなかった。

答えは簡単、その人の言うとおりだから。そして、欲しいなら自分もやればいいだろというくらいの気持ちだったのと同時に、やらずにぐちぐち言ってくるだけの人は、この先自分の障害にならないと安心さえしていたくらいだった。

こう思わせてくれたのは、自分にはずば抜けた才能がないという悲しい自覚もあった。

しかし、自分への見積もりを厳しくすると、その分努力が苦じゃなくなる。

小倉さんは、そういうところも直接ではないが教えてくれていたのだと思う。

小倉さんは現実を突きつけるだけでなく、僕の一番の悩みにも答えをくれていた。それは自分がつまらない普通の人間だという自覚……。そんな僕に小倉さんはシンプルな方法で助けてくれた。

いつだって僕の話を聞いておもしろいと言ってくれるし、僕が凡人じゃないと勘違いさせてくれた。何かを話すと「それは山ちゃんだけだわぁ、すごいな自分」これをいつも言ってくれた。自分が普通過ぎる劣等感をいつも消してくれた。

ピン芸人・イタリア人

「大丈夫、もう次の手は決まってるから」

足軽エンペラー解散後、このセリフをいろいろなところで言っていた。大学のみんな、当時付き合っていた彼女、寮のみんな、そして家族にも。

もちろん次の手なんか決まっていない。

新しいコンビを組もうという意識はあるのだが、相手が見つからない。なまじテレビに出てしまい、変な色もついているから相方探しは一層難しい。

声をかけるべき他の芸人さんたちには声をかけられない。理由は、これまで全くと言っていいほど交流を避けてきたから。馴れ合いなんかしてたまるか！　その間に自分たちを磨いたほうがいいだろ……とストイックという行動に酔っていた日々、おかげさまで声をかける相手がいない。

自分から声をかけることができないなら、かけられればいい。そのためには自分が欲しがられなくてはいけない。おもしろいと思われなくてはいけない。ということでピンでオーディションに出続けてご指名が来るのを待つという作戦を取ることにした。

芸名は「イタリア人」にした。理由は、登場で「どうもイタリア人です」って言ったらおもしろいかな……くらいのものだった。

イタリア人としての初のオーディションイベントの日、もちろん緊張でガチガチだった。いよいよ自分の番、決意してから一生懸命作った漫談で勝負をかけた。結果、かなりウケて合格した。相方を探している人へアピールするためのショーケースがあるとするならば、なかなかいい場所に並べたのではないかと期待も膨らんだ。

そして決勝、この日もウケた。しかも1位で通過。もう声がかかるだろう。「さぁ早くしないと私は誰かのものになっちゃうわよ」といい女気取り、続いて入れ替え戦……。ここはあっさり負けた。理由はネタがなかったから。まだなりたてのイタリア人にはネタが2本しかなかった。

しかし別のレギュラーの舞台に出られることになった。これでとりあえずは声がかかるまでピン芸人・イタリア人として、まだ見ぬ相方にアプローチし続けることができた。そのときはなぜか自信があった。きっとすぐ声がかかるだろうと。この直後に襲ってくるイタリア人真冬の時代の到来のことなど微塵《みじん》も感じていなかったから。

イタリア人としていただけたレギュラーの舞台、それが地獄の入り口となった。初めてのピンでウケてしまったことで「俺って相当できる男」という天狗思考がはびこっていた。その悪い天狗のせいで、努力の量が明らかに少なくなっていた。

結果ネタがすぐに尽きてしまった。それでもやってくる舞台の日、僕はなんとかひねり出してネタを作った。しかし、そんな急に作れるわけもなく、明らかにネタは迷走していた。例えば、日本人形と漫才をするというようなネタをやった。「新しい相方です」と日本人形をみんなに説明し、そこからなぜか日本人形と痴話げんかを始め、最終的にはキスをするというものだった。今文字にして書いていても何がおもしろいのか全くわからない。会場のお客さんは凍り付いていた。

次にやったネタが、タンバリンを叩きながらテーブルマナーを説明するというネタ、もちろんウケない。あまりにウケなすぎて僕がネタをやってる5分間は会場の空調の音しか聞こえなかった。それどころか、劇場の上にある本屋さんのレジの音がチーンと聞こえたくらいだった。

他にも右手が世界地図のイタリアの形になってしまったのでボウリングがやりにくいという訳のわからないコント、パスタを茹でながらの漫談、これでもかというくらい迷路に入り続けた……。

この迷路は大きな力を与えてくれた。それは「お前は1人では一生売れないぞ、早く相方を探せ」というものだった。


最強の相方を探せ！


候補はすぐ決まった。それはある大女だった。

僕は男女コンビになろうと考えていた。理由は簡単、競争相手が少ないから。当時男女コンビはほとんどいなかった。今から男コンビで一からとんでもない数の敵と戦うより、男女コンビであまり戦わずに上に行けたほうが効率がいいと思っていた。

しかし、ただの女の子では駄目だ。今自分が戦う劇場は、女子中高生がお客さんのメイン、かわいらしい女の子の笑いは受け入れられにくい。女の子女の子していてはいけない。

僕の中では、男女コンビとは言っているが、女性の方には、女とか男とか意識させないような、何か特殊な女の人が理想と考えていた。そんな人はいるのだろうか？と思っていたが、いた……。

身長180センチ超え、もそもそとしゃべる姿は大型の動物が食事をしているようなイメージだった。これしかない！　心から思った。

その相手がしずちゃんだった。

その当時、しずちゃんはほかの男性とコンビを組んでいた。僕はそのときのネタを見て、ますますこの人を手に入れたいと思った。そのネタの設定は家庭訪問。教師をしずちゃん、相方が生徒という設定。

しずちゃん（インターホンを押す）たんぽーん

生徒　　ピンポンだろ！

ウケていた。このネタを見てなんで組みたくなったか？　それは女性が生理用品をいじって笑いが起きるというところにあった。

これだけだと、僕のほうに変態感が出てしまっているが、そうではなくて、女性客が多い中でこれで笑いが作れるというのは女性ならではだし、いやらしく見えないのはしずちゃんがやはり特殊な存在ということの証明にもなった。こんな人が自分の味方になってくれたらどれだけすごいんだろう、と胸躍らせていた。

とりあえずはそのコンビのネタを見にしばらくは劇場に行き、彼女がおもしろがっているところの認識と彼女が言ったらおもしろいだろうなぁというものを考え、ノートにまとめた。

「女なのにというのを薄く感じさせつつもぴりっとしたボケが好き」と当時の僕のノートに書かれていた。あと、「ネタのいくつかに鈴木雅之がよく出てくる」とも書いてあった。

とにかくしずちゃんの情報を集めた。好きなお笑い、好きな漫画、好きな番組、それらを全てチェックして、情報を頭の中に叩き込んだ。それをどう使うか？　次に会えたときに自然と話題に出す。向こうがそれを好きだということは知らないていで話す。それによって、僕のことを「お笑いのセンスが合う人」と思い込ませる。

例えば「鈴木雅之ってなんか引っかかるよね」などを口説き文句に使うことにした。

ほかに「ダウンタウンさんのＤＶＤのあのコントが一番好きだ」「鳥山明先生のマンガ全部持ってる」「『ジョジョの奇妙な冒険』のこの回の話が好き」などなど、好きなものを事前に把握しておいた。姑息ちゃんは大活躍してくれた。

諸々準備が整ったところでしずちゃんを誘うことに。生来の人見知りにここまで大胆な行動をとらせたのは、イタリア人の真冬の時代のせいもあるかもしれないが、この人とコンビを組んだら……と妄想するたびに描かれる楽しい世界、増えるボケの選択肢、そういった希望に背中を押されたのが大きかった。

南海キャンディーズ結成

いざ作戦決行、僕の貧困な女性経験がたたき出したデータ、「女性は甘いものの前では無力だ」を信じ、ケーキバイキングへ誘った。

大女とおかっぱ赤眼鏡がケーキバイキングのお店なのに２人で座る。事前にノートでポイントは確認済み。いざ話しかけようとすると、しずちゃんは大量のケーキをひたすら口に運び続けた。こちらに会話をさせないくらいのペースでバクバク食べていた。

後日聞いたら、あのときは告白されると思って、嫌だから黙々と食べて告白させないようにしていたということだった。迷惑な話だ。

その黙々と食べる大女に向けて、僕は準備していた言葉を出す。

「鈴木雅之ってなんかひっかかるよね?」

「ドラゴンボールで合コンに来たらモテそうなの、ベジータだと思うんだよね」

「ジョジョのあの回好きなんだよね」

立て続けに言うとケーキをほおばるのをやめてボソッと、

「私も」

と3回つぶやいた。これでいい。この「私も」が大事。さらにここからお笑いに特化した共通の話に持っていく。

「ダウンタウンさんのDVDのあのコントおもしろいよなぁ」

「私も」

この「私も」に対しては驚いたふりをし続けた。大女獲得ミッションは自分の中ではうまい感じだと思っていた、しかし、ここで思わぬ展開が……。

「今の相方と東京に行こうと思ってる」

大女からの痛恨の一撃。これはやばい、東京に行かれたらさすがに口説けない。逃げられたらいけない。そう思い、そこで僕は言った。

「僕『ガチンコ!』って番組出てて、それから東京のスタッフさんと仲良くしてるんだけど、東京ってもう若手を出すのやめていくらしいよ。なんか大御所の人がそういうふうにしろって言ったみたいで」

矢継ぎ早に言った。驚きの表情を浮かべる大女、そこにさらに重ねる。

「これからは大阪だって、そのスタッフさん言ってた。大阪のほうでしかオーディションやらないって」

大女が明らかに驚いていた。そして一言、

「ほんならもう少し大阪でやってたほうがいいんや？」

僕はそれにたいして大きくうなずきながら「危なかったね」とつぶやいた。僕はまず大阪でやろうとしていたから、この嘘は必要だった。

東京行きを遅らせることに成功したところで、次の武器を出す。その武器とは、僕としずちゃん用の漫才の台本だった。そして一言添えた。

「この台本に未来を感じたら、今のコンビを解散して僕とコンビ組んでくれないですか？」

これがドラマならここで主題歌が流れてクライマックスってな感じ。

その答えはゆっくりとした口調で一言、

「わかったぁ」

だけだった。そのまま家に帰り、早速メールを送った。

「明日1時に……公園でネタ合わせしましょう」

「はい」

ネタ合わせの前に、しずちゃんは前の相方に解散を告げてきた。今だから言えるが、その相方さんへの解散理由としては、しずちゃんから僕に声をかけたことにしてもらった。相方さんは仲良しの先輩が多いので、その人たちに怒られないようにしたのだ。

余談だが、この秘密は僕がこういう形で言うまでしずちゃんはずっと黙っていてくれた。

そして初めてのネタ合わせ。ここに南海キャンディーズが誕生した。

24んぜいち〜!!
ハ〜就になりみ!!
5年式、ハ×コ ざ になっ方Sx

第4章

有頂天、そしてどん底

襲ってくる恐怖感

コンビ名はまだ、お互いの名字をくっつけるだけの「山里・山崎」だった。頭の中で描いてはニヤニヤしていた新しい世界。おもしろいことができるという期待。そして何より、ここから一気に売れる！という希望。

結果から言います。そんな素敵な世界はことごとく壊れていきました。

初めてやったネタの設定はファッションショーだった。司会・山里、モデル・しずちゃん。しずちゃんの動きに僕が実況をするというネタだった。

山　それではトップモデルのSHIZUYOの登場！
し　（モデル歩き）
山　SHIZUYO、上から大きい顔、広すぎる肩幅、牛を蹴り殺せる足！
し　（マサイ族の動き）
山　特技はマサイ族の儀式

という感じで行って最後に、

山　それでは最後に一言お願いします

し　ぐえっ（たんが絡んでる）

全くウケなかった。勝手に膨らませていた期待が外れた瞬間、いろいろなものが襲ってきた。しずちゃんのコンビを解散させた罪悪感。「このコンビなら」という自信が崩れた恐怖。もう芸人は駄目じゃないかという不安。

そこにさらに乗っかってきたのは、僕らが組むときに周囲が示した反応だった。それは「絶対無理」「ただの色物になる」というものだった。これらの反対意見がよみがえり、やっぱり駄目だったか？という思いが、恐怖感を加速させた。

そのころ、劇場に大きな変化が起きた。かつての二丁目劇場の時代からいた先輩たち、フットボールアワー、ブラックマヨネーズらが全部ｂａｓｅよしもとを卒業し、うめだ花月に移る。そのための新しい体制を作るというものだった。その新しいシステムのレギュラーを決めるトーナメントが行われることになった。

もちろん参加することになった。自信なんて全くない状況で。

恐怖心を振り払うためにとった行動、それは、ひたすら自分たちの肯定感と言い訳を作り、しずちゃんに話すことだった。そのとき、恐怖感を悟られないように必死に言っていた。「この組み合わせに慣れてないから、客もまだ聞く態勢に入れない」とか「笑い飯さんも両方ボケで最初は受け入れられなかった」とか。彼女の尊敬する人々の名を出しては、その人たちの不遇のときのエピソードを時にはでっちあげて、毎回ネタ合わせの前に話した。それは自分にも必死で言い聞かせていたところもあったかもしれない。

そしてトーナメント1回戦、相手はコンビを結成して1年ほど、芸歴もコンビ歴と同じ1年、つまりまだまだ自分たちよりは、言い方は悪いが格下のコンビ。

それなのに、結果は1回戦敗退……。積み上げた言い訳たちは一気に崩れ去り、むき出しになったところに恐怖感たちが一気に襲ってきた。

周りを見ても隠れる場所はない。直撃でくらう。「俺たちはやっぱり違うかな？」の言葉が出そうになる。絶対出してはいけないと自分でもわかっている。でもその気持ちが体中を走り回っていた。

早く言い訳を、早く防御できるものを、そんなもう1人の僕が何とか見つけてきた防具、それは、

「まだ組んで時間経ってないから、しょうがないよ」

防具のレベルで言えば、薄手のカーディガンくらいのものだったが、強引に納得させ

てその日を乗り越えた。

自分の立ち位置は何か？

乗り越えたといっても解散をしなかったということであって、なんら解決はしていない。

時間はたっぷりあった。何もないその時間は、僕にたくさん悩む時間をくれた。

そしてあることに気づいた。それは簡単なことだった。

自分は、なぜ相方にしずちゃんを選んだのか？　この問いが全てを解決してくれた。

答えはすぐ出た。「おもしろいボケだから」。そう、おもしろいボケだから組んだ。なのに、自分はそのおもしろいボケをお客さんに伝えることをするのではなく、自分もボケて張り合おうとしていた。変わったコンビを組んだから、変わったことをやろうと必死だった。そのためにはシンプルなことをしてはいけないと思ってしまっていた。

そのことに気づいたとき、一気に選択肢が広がってきた。じゃあ自分は何をしたらいい？　ボケである相方の足を引っ張っているスタイルをやめたらいい。ボケを際立たせるための存在になればいい。ツッコミになればいい。答えはシンプルにしてでかいものだった。

すぐに僕がツッコミをするネタを書いた。この選択は、すぐ効果を出した。ネタ合わせで明らかにやりやすそうなしずちゃんを見た。そして彼女自身、このスタイルがしたかったという感想も漏らした。

後に本人から聞いたのだが、次のオーディションでこれまでのタイプのネタでウケなかったら解散を言いだすつもりだったそうだ。危なかった……。

そして、やりやすさを感じているのは僕も同じだった。本来の自分の自然な状態でのスタンスに近いことに気がついた。普段喋っていて自分が楽しい状態、それを考えたら簡単なことだった。普段の生活で、自分はツッコんでいるときに楽しいと感じているほうが多かった。

やっと見つけた僕たちのネタ

普段、笑いが起こっているときの自分は？と考えると、誰かが起こした笑いにコメントをしていたり、揚げ足を取ったりしているときだと気づいた。

つまり、自分が生み出すよりも誰かに生み出されたものに乗っかる。それが自分の楽しいときなのだ。一見格好悪いかもしれないけれど、漫才が楽しいと思える幸せには何も勝てなかった。この幸福感は、天才しか味わえないと思っていた。楽しいという感覚をネタに織り込む、それが自分でもできたというのが本当に嬉しかった。

自分の仕事に義務感だけでなく楽しさが加わると、作業のスピードや集中力など段違いに違ってくる。それはさらに自信を高め、あたかも才能があるように感じられる。そしてまた楽しくなるという素敵なスパイラルを生んだ。

だから、コンビにおける僕のポジションは？と聞かれると、おもしろい人の隣にいる人、ということになった。

それが今の南海キャンディーズの形となった。

「自分が楽しいとき」を思い出して、整理して公式にする。そしてそれに仕事をあてはめる。これは僕の中で大きな進歩だった。

僕の理想は、しずちゃんだけで笑いを成立させることだった。それはどういうことかというと、ツッコミはお客さんの心の中でしてもらう。なので、はっきりとしたツッコミが本来入るところに僕はツッコまない。お客さんが心の中で突っ込んだところに、同じ方向の感想に近い言葉をツッコミのテンションで言うようにした。そういうツッコミ、これが一番心地よかった、何より楽しかった。

南海キャンディーズの変化を感じたネタを一つあげてみる。

【美容師】

し　わたしな、美容師ってやってみたいねん
山　美容師さんて難しいよ？
し　さすが美容師をストーカーしている男は違うなぁ
山　この顔にその言葉はまずいよ
し　美容師できるって
山　本当に？
し　じゃあ山ちゃんお客さんやって
山　わかった
し　私、産卵中の海ガメやるから
山　すいませーん、カットで予約した山里ですが……
し　（亀がうめいてるような感じ）
山　すいま……駄目だ俺こんな状況生まれて初めてだ……ちょっと
し　あかん！　産卵中の海ガメはデリケートやねんでぇ!!
山　ごめんよ、しずちゃんがそんなに海ガメに熱いって知らなかったから。ただここは美容師やって

し　産卵中の？

山　普通の！　いいかい？　美容師やって！

このネタが僕らに初めての賞をくれることになった。そして、僕たちを解散から救ってくれたネタでもあった。

そして実は、この時点までに先輩に勝手につけられていたコンビ名があった。最初は南海ホークス、そして僕の芸名が門田だった。それを、野球知らないし女の子もいるので……と先輩に言うと「じゃあキャンディーズ」と言われ、さらに僕の芸名はランになった。それもやはり違うかなと先輩に訴えたら、先輩は面倒くさそうに「ほなくっつけて南海キャンディーズにしいや」。

なんだかすごくしっくり来た。ただ僕の芸名の門田ランだけは全力で断った。

こうして南海キャンディーズという名前が生まれた。

お前たちは「素人だから」

やっとスタートラインに立てた南海キャンディーズ。オーディションの合格、入れ替え戦の１位通過、レギュラー舞台の獲得と、その当時の僕らには万々歳の結果だった。

さぁ！　南海キャンディーズ追い風編のスタートです……と行きたいところだが、僕たちははやくも壁にぶつかることになる。

それは、女子中高生が多いお客さんの投票で決まる入れ替え戦という性質上、人気というものが大きく作用してくる、そう、僕たち南海キャンディーズは人気がなかった。そして入れ替え戦に敗れ、またも一般オーディション組に転落していった。

いつものパターンならば、ここで腐って腐って腐りすぎて発酵して個性的なチーズになっちゃうくらいのところまで行くが、このときは違った。

前向きに考えることができたのは、漫才を楽しむということを経験できたから。それが1回でも評価されたことによって、自分のやっていることは間違っていないという裏づけがあったから。

それともう一つ、千鳥、笑い飯、バッファロー吾郎といった方々が言ってくれたセリフ、「お前たちが落ちるのはおかしい」があったから。

この呪文による回復力はすごかった。ドラクエでもボス戦大活躍間違いなしのパワー。この言葉を2人で確認するたびに頑張れた。

とはいえ、仕事はほとんどなかった。そんな中、一つの転機が訪れた。関西の若手芸人の賞レースへの参戦だ。

芸歴５年未満のみが対象で、予選会には事務所を問わずかなりの数の若手が挑戦する。もちろん僕らも受けた。１００組ほど受けて、通るのが10組となかなかの狭き門だ。中には劇場でレギュラーメンバーとして活躍している芸人もいた。結果は、見事予選通過。嬉しかった。他の合格者を見ると、劇場でレギュラーメンバーの芸人は落ちていた。これも気持ちよかった。劇場で自分たちより上とされている人たちに劇場の外で勝った。この結果はしばらくの間、僕らを腐らせないための優秀な防腐剤となってくれた。

その賞とはＡＢＣ朝日放送が主催する「ＡＢＣお笑い新人グランプリ」。若手芸人の登竜門的な存在だ。今大活躍している芸人さんはほとんどここで賞を受賞している。

南海キャンディーズはどうだったか？　最優秀新人賞は逃したものの優秀新人賞をもらった。ちなみに最優秀新人賞は千鳥さんだった。１位ではなかったが、自分たちの中でもいい漫才ができたし、みんながおもしろいと言ってくれた。何よりテレビで漫才を放送してもらえた。

しかし、ここから風向きが変わると思ったが、不思議とテレビの仕事が入るわけでもなく、相変わらず劇場のオーディションも受からずに一般のままだった。

その理由は、ある日ＡＢＣのスタッフさんから言われた言葉でわかった。

「南海キャンディーズにオファー出したら事務所にＮＧ出されるんだよ」

オファーはしてくれていたんだ。でも断る？　意味がわからなかった。

吉本の社員に聞いてみると、

「お前らはオーディション組の素人だから仕事は引き受けない。当たり前だろ？」

と一蹴された。

頭の中に「ヤバい腐る！」という思いがよぎった。だけど、ここで悪態をついて「こんな状況だから仕方ない」という言葉で片付けてしまうと、努力を怠るという選択肢ができてしまう。とにかくこれを自分に言い聞かせた。

正直面倒くさい作業だけど、腐らないためにどうすればいいか考えなきゃいけない。賞レースでレギュラーメンバーから勝ち取ったという防腐剤や、これまでためてきた張りぼての自信を駆使して、前に進む選択肢を考えた。そこで出した答えはこれだった。

「路上でネタをやろう」

怒りのパワーを成仏させる

ストリートライブは足軽エンペラーのときもしていたから、場所はそのときと同じ、大阪は梅田の大きな歩道橋の上を選んだ。相変わらず人通りも多いし、心地いい緊張が体を包む。賞レースの効果もあって人の集まりも上々。

「えー今からここでネタをやらせていただきます。もしお時間に余裕がある方は見ていってください、お願いします」

一礼してまずはお客さんを掴むために自信のネタをした。しかしウケない。お金を払って見に来ている劇場のお客さんと違って、路上のお客さんのリアクションはリアルだ。どんどんと帰っていく。ただ、それで言うとこの前のABCの賞レースはお金を払っていないお客さんでもウケた。同じネタやっているのに、なんで？

その答えは1人の客の野次でわかった。

「でかい女の声が何も聞こえないぞ」

そう、マイクでも時々聞こえないしずちゃんの声が、交通量も人通りも多いこの場所に勝てるはずもなかった。車は車でも低公害の静かな車のエンジン音にも負けた。下の広場で行われているバーゲンの呼び込みの声や急ぎめに歩くOLのヒールの音にもかき消されるような声だった。

ストリートは無理だ……どうする？

「ストリートでできるくらいの声を頑張って出せ」

その気持ちが自分の中で充満していた。しかし過去の経験から、相手のことをよく考えず強く言うのは違うということは、わかっていた。というのも、「遅刻しないで、もう少し元気出して」というようなリクエストでも気まずくなった数々の瞬間があったからなおさらだった。

この「声を頑張って出せ」というリクエストをどう表現したらよいかを必死で考えた。ここは前のコンビから学習したところだと思う。出た答えは「もったいないよね、こんなにおもしろいこと言っているのに伝わらないって」だった。

物は言いよう。どうやら気持ちは届いて、声を出す努力はしてくれていた。それは、

本人からではなく先輩からあることを聞いて発覚した。

「山里、しずちゃんが昨日弾き語りしてたぞ。何歌ってるかわからんかったけど」

しずちゃんは、少しでも声が出せるように弾き語りを始めたのだった。

一度観たことがあるが、発声練習になるとは到底思えないような静かなバラードを歌っていた。それも関係しているのかわからないが、今までずっと出なかった声がそう急に出るようになるわけでもなく、ストリートは絶望的だった。

しかしここであきらめたくなかった。吉本の社員さんがこちらを見ることもなく言い放ったあのセリフを思い出して、あえて自分をイライラさせて、その怒りでサボる選択肢を消すことにした。

そんなある日、不思議な仕事が入った。なんでも吉本のお得意様の会社の偉い人が南

海キャンディーズご指名でオファーしてくれたという。しかも仕事内容は指定された場所でご飯を食べるというものだった。

よくわからず指定された店に行った。そこには、年のころは40歳くらいのおじさんがいた。顔も背も大きなおじさんで、ニコニコして僕らのどこがおもしろいかを熱弁してくれた。

この方、亀井さんという大手企業の偉い方で、お笑いが大好きなうえ自身も仕事の合間にソウルバンドを組んでいるようなアクティブなおじさんだった。そのアクティブさは全てに向けられているみたいで、テレビで僕らを見た瞬間に何とかして僕らに会いたいと吉本に無理を言ってくれたそうだ。本来なら通らないが、お得意さんということもあって実現した。

不思議なお仕事は続く。おいしいものをごちそうになり、いろいろな話をした。現状の話も聞いてもらった。すると亀井さんはそのまま、行きつけのソウルバーに連れて行ってくれた。梅田の飲み屋街を抜けて、少し離れた場所の地下にあるお店だった。狭い店内には素敵なソウルが流れ、これぞマスターという感じのひげのマスターがレコードを選んでいた。

僕はカウンターに座り酒を飲んだ。亀井さんはいかに僕らがすごいかを熱弁してくれたので心地よく酔い続けた。そんな中、バーのとある場所に目が行った。ドラムセットがおいてあった。聞くと定期的にソウルライブを行っているとのこと。音響設備が整っている。僕はすぐさま頼み込んだ。

「ここで定期的にライブをやらせてもらえないですか?」

やっと怒りのパワーの成仏先に出会えた。会社の人に言われたときのムカつきと、いろいろな焦りは、この交渉を躊躇なくさせるというガソリンとなった。

僕を変えた運命の出会い

バー「THIRD STONE」で初めての単独ライブ。まだ今みたいにSNSもあまり使われていない時代、店の常連さんと亀井さんが作った手書きのチラシを常連さんがいろいろなところで配って、お客さんを集めてくれた。

控室なんてないので、僕らは非常階段で開始までの時間待機していた。重い鉄のドアの向こうに人が続々と集まるのを感じた。トイレで着替えてきた相方と非常階段でギリギリまでネタ合わせをした。

ネタ合わせの合間に重い扉を少し開け、会場を見る。何人も入っていくお客さん。そして呼び込みをする常連さん。嬉しくてニヤニヤしながらネタ合わせに戻るを繰り返した。

お客さんはみんな会社帰りの20代から30代の会社員やOLさんという感じだった。初めて時間制限のない、南海キャンディーズの現時点での全てを見てもらえるときが来た。そのせいもあって緊張はすごかった。

いよいよ始まる。登場は店の入り口から。時間となり少しだけ入り口の扉を開けて、中からの声を聞こえるようにする。すると中から、亀井さんがお客さんへの説明を始める。適度に笑いも入れながら僕たちの舞台を作ってくれていた。そして、いよいよ亀井さんから呼び込まれた。

「プリーズウェルカム！　南海キャンディーズ」

その声とともに僕たちのために用意された出囃子《でばやし》が流れる。僕たちはドアを開けて店の中に入る。店の中にぎっしり座ったお客さんが盛大な拍手をくれる。その拍手と歓声は、ガチガチに僕らの体をしばっていた緊張という鎖を断ち切ってくれた。客席の間を2人で歩いてステージに向かう。ステージといっても客席より一段高い台という感じだが、僕らには最高のステージだった。

まずは賞を獲ったネタを披露、たくさんの笑い声が包んでくれる。そして、やりたくてもやる場所がなかった新ネタを2本やらせてもらった。ウケるところとウケないところはあったが、楽しかった。

合間にウケなかったところのボケに印をつけて、一言コメントを添える。「※パワーアップ必要」。帰ってからここを考えよう、そんなことができるのも嬉しかった。

そして、ライブ途中には、同期で同じくチャンスに恵まれていなかった親友のネゴシックスも駆けつけて2本ネタをやってくれた。合間にトークをしたり、お客さんからの質問コーナーを設けたりで、2時間近くでライブは終わった。

亀井さんが店の壁にかかっていたおしゃれなハットを僕に手渡し、ひっくり返して持つように言う。そして背中をとんと押し、客席に僕を降ろす。するとそこにお客さんたちが次々とお金を入れてくれた。亀井さんは嬉しそうに笑いながら見守ってくれていた。

結構な金額になったそのお金を3人で分けて、お客さんの帰ったあとのバーで飲んだ。自分たちは駄目じゃない！というシンプルな思いが湧き上がってきて、嬉しかったのを覚えている。張りぼての自信はここでライブをやるたびにどんどんと大きくなっていった。

それまでの僕は、相変わらず仕事は全くない状態、バイトとネタ合わせ、合わせても見せる機会がほとんどないネタ……。腐るのには十分な条件の中にいた。しかし、それを止めてくれたのがこのライブであり、このライブのきっかけになった亀井さんだった。

劇場の入れ替え戦には、THIRD STONE の常連さんが会社の部下などを連れて応援に来てくれたときもあった。女子中高生と大量のスーツのおじさんたちという異様な光景だったが、嬉しかった。

逃げないための言い訳を作ることが、僕の才能の一つに追加できるかもしれない。どんなに劇場でオーディションに落ちても、社員さんから辛いことを言われても、自分たちは大丈夫なんじゃないか?という気持ちになる。

そのために、多少強引でも自信になるエピソードを自分に言い聞かせる。このときは「笑いに厳しい大人たちが笑ってくれるのは、実力があるってこと。劇場のキャーキャー言いたい若い子たちに、ブサイクと大女が受け入れられないのは仕方ない。ただ、チャンスがあれば一気にひっくり返る」とよく言っていた。根拠のはっきりしたものはないが、優しい人たちの笑い声で張りぼての自信を作り上げていた。

僕は運がいい。この出会いがなかったら心が折れていたかもしれない。そう言える人に何回も出会えている。そんな話をしたときに亀井さんはこう言ってくれた。

「運もあるかもしれない。ただ、自分の道を一生懸命に走っていると、人は必ずそこに引き寄せられていくものだ」

僕の好きな言葉殿堂入りでした。

時々オーディションのために劇場に行く暮らしは続いていた。そこには、僕の怒りの炎にガソリンをがんがんに注ぎ足してくれるものがごろごろ転がっていた。

例えば後輩がしんどそうに言う「今日のローカルのネタ番組、面倒くさい」という発言。その番組は確かにローカルと言われるものだけど、ちょっと待てと。こっちは舞台にも出られない。人にネタを見てほしいけどその機会もない。ふざけるな。じゃあ代わってくれ、そう言いたかった。

だけど、そのときに今も大事にしなくてはいけないと思ったこと。それは、単純なことだが「どんな仕事も全て全力、あって当たり前のものなんてない」。一つ一つの打席の差なんかを考えて行動するなんてのは、おこがましいことであるということ。

学園祭シーズンのとき、「いやぁ、今年学園祭15校しか行ってないですよ、南海さんは?」と言ってきた後輩よ、そのとき「1校もない」と言った俺の気持ち。

最高のガソリンになりました。腐るのではなく全てをパワーに変換する。何か嫌なことがあったらこの「変換」を真っ先に頭に置く。それをひたすらやっているうちにイライラも消えて、かつこんな状況を自分のために使えた俺ってすごい！と張りぼての自信貯金も貯まる。

怒っているときは深呼吸なんてばあちゃんが言ってたけど、僕は怒ってるときは自分のために変換する。そのスピードが速ければ速いほど自分は特別な存在なんじゃないか?と錯覚できた。

相変わらず、テレビも舞台もないままの毎日だった。バイトとネタ合わせと月1のオーディションとTHIRD STONEのライブだけ。辞めようと思うきっかけはたくさんあった。しかし、張りぼての自信で行動できたことで聞いた笑い声。それが、いつか必ず売れるんじゃないか?というアバウトな思いを抱かせ続けてくれていた。

僕の中のクズとの付き合い方

ある日、ネゴシックスから電話で呼び出された。難波駅前のファストフードのお店で待っていると、息を切らせたネゴシックスが僕の座ってる席に駆け寄ってきた。そして一言「変わる!」。

そうつぶやいた。映画ならけっこう格好いいシーンだったろう。しかし、キャストがこれなので、おとぼけなお化けのお話のワンシーンくらいになってしまうのはわかっているが、この瞬間は強烈に覚えている。

それは劇場の支配人が替わるという知らせだった。これで1軍に入ったり、テレビに出たりできるようになる！という夢がぐっと近づいたように感じた。「賞をとっても劇場には関係ない」と言って舞台出番をくれなかったあの支配人。テレビの仕事のオファーも、「劇場のオーディションに受かっていないから、南海キャンディーズはまだ素人なので」という理由で断っていた、あの支配人が替わる。これは嬉しかった。

それに伴ってシステムも変わることになった。まずはオーディションは関係なく、劇場のスタッフ、作家、吉本の社員で協議してレギュラーメンバーを決めるということだった。

女性客の多い劇場でのお客さん審査に苦しんでいた僕らには朗報でしかなかった。その笑顔を作ってくれた一つに、THIRD STONEのみんなの笑顔も思い浮かんだ。

新システムは、トップ3組（笑い飯・麒麟《きりん》・千鳥）をおいて、その下に1軍、2軍、3軍を作るというものだった。僕らもABCを受賞しているし、1軍スタートの自信があった。発表は翌日ということで前祝いにとネゴシックスと2人で飲みに行った。

新システムへの賛辞、今までの状況への逆襲の決意などを酒の肴《さかな》にどっぷりと酔っていた。

翌日、劇場に集められた。新しい支配人が「新システムのメンバー構成表はこちらに張っておくんで」と言い残して去っていった。

確認までに……くらいのテンションで見に行くと、自分たちの名前は1軍にはなかった。

少し残っていた酒は一気に引いていった。頭がズシリと重くなるような感覚が襲ってきた。

その感覚に従うように頭を下げていくと、2軍の欄にひっそりと細い文字で自分たちの名前があった。頑張って顔をあげて上を見るとたくさんの後輩の名前が1軍の欄に、やや太い文字で、広々としたスペースで書いてあった。

恥ずかしかった。頭の中は、そこにいる1軍の芸人の悪いところをひねり出して分析して、なんだかんだ難癖付けて、自分は彼らに負けているわけではない……と無理やり自分を肯定するという最悪モード。

ここで「あぁいつものクズ山ちゃんが出てきた」と一言自分に言い聞かせた。そして、もうそのことは考えるのをやめる。そして、「これで無駄に時間使わなくて済んだ。俺って偉い」と褒めてから、このクズ山ちゃんが持ってきた気持ちの有効利用を考えることにした。

1軍の人たちのウィニンググランの会話や行動をじっくり見る。そして嫉妬の炎にガンガン薪をくべる。一番調子乗ってることを言ってる奴をぶっ倒すためには、どの努力をしなくちゃいけないかを考える。イライラを使って、とりあえずムカついてるときにやることをたくさん決める。そしてそれをメモに取る。

やるべきことと、そのきっかけとなったムカつく奴の言葉を一緒に、すぐそれに取り掛かる。そうすれば勝てるし、ムカつく奴も僕の餌になってくれたということで怒りが収まる。僕の中のクズとの最高の付き合い方だった。

来月には1軍に入る。わかりやすい目的が目の前にあるというのはいいもので、頑張りたい気持ちを芽生えさせ、すぐに自分を動かしてくれる。

大丈夫。審査員の人にはこの努力は伝わって、1軍に行ける……。

しかしその目標はあっさり崩れ去った。それは審査員の中に入っていたある1人の社員の存在だった。

その社員は女性で、わかりやすい人だった。自分に媚びてくる芸人が大好き。しかもルックスがいいコンビならなお好き。もちろんその条件には僕は入れなかったどころか、むしろ真逆に位置していた。それはあからさまにわかった。

ある日のライブの採点で、支配人と作家さんは高得点をつけてくれたのだが、露骨に1人、低い点数をつけてきた。それがそのスタッフだった。

30点満点でほぼ0点をつけてきた。ありえない。点数には項目があって「ネタ」「声量」「キャラクター」各項目に点数がつけられていく。僕らは自分のところを見た。そのスタッフだけ「ネタ」1点「声量」1点「キャラクター」0点だった。

声量は確かに仕方ない。相方は、ほぼ囁いてるような状態だ。ネタの1点も、100歩譲って個人差があるから受け入れよう。

じゃあ「キャラクター」の0点は？　おかっぱ赤眼鏡の男と182センチの大女のコンビが？　それはいくらなんでも！とさすがに納得がいかず、本人にこの点数を付けた理由を聞きに行った。

そのときの顔を今でも覚えている。一瞬こっちを見るとすぐ目をそらせて、面倒くさそうに言った。

「そんなキャラクター、すぐ飽きられるって私わかってるから、だから0点。以上」

そう言ってほかのコンビのところに行き、自分にぶつけた声よりも高い声で話し、笑っていた。

いつかこの人に全力で嫌な言葉を浴びせてやる。今はできない。今したら終わりだ。

いつか覚えとけよ……。僕のノートには、その日のこのやり取りと、その人を罵倒するために自分が頑張らないといけないことをびっしり書いた。

その日のためには、そいつからされるダメ出しも真摯なふりして聞けたし、媚びることもできた。むしろ、そいつはいつか俺に逆襲される種を必死で蒔いて水をあげてる愚かな奴！くらいの気持ちだった。そう考えるようにしてからは何の苦痛もなかった。

先に言うと、そのノートに書いた罵倒は２００４年のある日のあとに、そいつに言えることになる。それはまたのちほど。

「お前らのやったことの結果を見ておけ」

その時期、前説も時々もらえるようになった。これは前に言った、作家さんとのアメフトがもたらしてくれた恩恵だった。前説とは、収録が始まる前にお客さんに拍手の練習をしたり、盛り上がる声の出し方の練習をしたりするもの。芸人はみんなここでいろいろ学ぶ。しかし僕たちはこの前説が苦手だった。

しずちゃんの「皆さん、元気出していきましょう」に対して「まずお前が元気出せや」と会場からピリ辛な突っ込みが入ったりすることもしょっちゅうあった。

それどころか、しずちゃんが何もしゃべらないで終わることもあった。でもそれで僕はいいと思っていた。そこでしずちゃんがキャラクターを捨て、大きい声で普通の説明をするような姿は、絶対に見せたくなかったから。だからしずちゃんを変えることはできなかった。しかし、やはりその結果、あまりいい前説はできなかった。

そんな前説で事件が起こった。新喜劇の番組の前説で、僕たちはまずお客さんを温めるためにネタをやった。ありがたいことにものすごくウケた。それが気持ちよくなって、ネタの途中くらいで前説の持ち時間がなくなってしまった。まぁ、前説として盛り上げたからいいかくらいの気持ちで舞台から降りた。すると新喜劇の作家さんがえらい剣幕で僕たちのほうへ来てこういった。

「お前ら、前説知らんのか？　何一つ説明もしないで、自分の与えられてる役割を理解してたか？」

正直、前説は盛り上げ役だから自分の中では罪の意識はなかった。そこに作家さんは続けていった。

「今からお前らのやったことの結果を見ておけ」

半信半疑のまま新喜劇を観ることになった。幕が開いて主役が登場、客席はただざわしているだけ。次々と演者さんが登場するがまばらな拍手がちらほらあるだけ。やりにくそうな演者の人たち。たかが拍手の説明をしなかったことがこれほどまでに影響するか？というくらい、つらい舞台になっていた。

そして最後に作家さんから一言。

「こういうことや。覚えとき。ま、うちはもう二度と君たちに頼むことはないけど」

本当にこれを機に前説がなくなった。

マネージャーを志願する男

２００１年、「M－１グランプリ」が朝日放送で始まった。その対抗馬として毎日放送が始めたのが「漫才アワード」だった。芸歴、プロ、アマ関係なしの漫才のコンテスト。２００組近くの若手が予選を受け、その中で、テレビでの生放送の本選に出られる合格者10組。かなり狭き門であった。

しかしその狭き門を通ってしまった。南海キャンディーズが。

久しぶりのチャンスだった。これといって仕事もなく、前とった賞の効果も薄れていたころの僕らには、テレビで見てもらえるというのは大きなチャンスだった。僕らは商品だから、いいショーケースに並ばないと買い手はつかない。当時の僕らにとって漫才アワードは、かなりいいショーケースだった。

これで誰かの目に留まれば、それをきっかけにいろいろな逆転が始まる。ノートに書いた逆襲案も発動できる。そのためには今回なんとしてでも印象に残さねばならない、気合いが入った。

当日、トーナメント形式の対戦相手をくじで決める。僕らの最初の相手は、大先輩の5人組ザ・プラン9だった、僕らのネタは、自信のあるネタ、医者ネタでいった。かなり楽しくできたし、ウケもよかった。そして続いてはザ・プラン9、やはりウケまくっていた。

結果発表。僅差で僕らは負けた。しかしショーケースには並んだ自信はあった。これを誰かが観て買ってくれたら……。その願いは叶った。

「ちょっと飲みに行きませんか?」。その声の主は、僕らよりも大きい身長と横幅、それを包むように大きなスーツ、ビシッと決めた髪型に黒縁の眼鏡の男性。

その人というのが、当時笑い飯のマネージャーをしていた吉本社員の奥谷さんだった。吉本内でも偉い人で、僕らが飲めるような人ではなかった。驚いていると奥谷さんは続けて優しい口調で言った。

「どうしても山ちゃんと話がしたいっていう社員がいるんだけど一杯どうですか?」

僕はお礼を言い、YESの意思表示を全力でしていると、どうやら奥谷さんの言うところの僕と話がしたい社員さんだろうと思う男の人が横から出てきて挨拶をしてきてくれた。

背は僕より少し低いくらい、やや細身で年のころも僕と同じくらいだろうか、やたらと腰の低い人だという印象を受けた。

そしてその男性は口をとがらせながら第一声「納得いかないです」と言ってきた。「何がですか?」と問うと「今日の漫才アワード、僕の中では南海キャンディーズがぶっちぎりでした」と僕よりも怒りの強い言い方で言ってくれていた。なんか嬉しかった。

そしてその男というのが、のちに南海キャンディーズ初代マネージャーになる片山さんだった。

アワードのあと、ずっと酒を飲みながら喋っていた。僕らに感じたものを話してくれ、そしてそこから描ける未来をわかりやすく見せてくれた。その日の敗北のことなどすっかり忘れて、むしろわくわくしていた。明確な明るい未来を提示してもらうことでこんなにもやる気が出るものなのかと感動した。

これが毎日なら最高だ。そう思った。が現状はまだただの素人である南海キャンディーズに担当のマネージャーなんか付いてくれるわけがない。そんな僕の心の声が聞こえたのか片山さんは言ってくれた。

「どうしても南海キャンディーズのマネージメントがしたいです」

嬉しかった。でも、これは僕もやってほしいけど、どうしたらいいか……。そんなことを考えているところにかぶせるように片山さんは声をかけてくれた。

「とりあえずＭ－１決勝出てください」

そうすれば堂々と会社に対して、南海キャンディーズのマネージャーに立候補できるとのことだった。よりリアルにＭ－１を意識するようになれた。片山さんが見せてくれた未来を心から欲しいと思った。そしてこの人がいれば、売れる！　心からそう思えた。

改めて人との出会いの大切さを知った。片山さんは、自分だけでは加速させることのできないようなやる気をくれる。

僕は才能がない。でも、そんな僕にある才能を見つけた。それは人に会う運がいいということだった。

僕はこの考え方を癖づけるようにした。何か心揺さぶられるくらい嬉しかったことがあったら、才能というタイトルをつけて自分の項目に入れる。これが、僕を逃げなくさせてくれる大切な習慣だった。

嫉妬は最高のガソリン！

最高のマネージャーを獲得するために必要となった、Ｍ－１グランプリファイナリストという称号。このM-1グランプリは2001年に島田紳助さんの発案で急に始まった。芸歴10年未満の漫才師なら誰でも出場ができる（当時）。優勝賞金1000万円、今まで聞いたこともない賞金額だった。

始まったころは正直現実味がなかった。目指してはみるものの「いつか出られたらいいな……」くらいのものだった。当面は、目の前の劇場のオーディションからという気持ちのほうが大きかった。

初挑戦は足軽エンペラーで02年の第2回、2回戦で終了。ま、よくやったよという甘い評価を下していた、こうやって続けていればいつか出られるだろう、くらいの気持ちでほとんどショックを受けていなかった。決勝メンバーが決定するまでは。

ファイナリストはテレビで見てきた名だたるコンビの方々、それだけだったらよかった。仕方ないとか甘えたセリフで、焦りというガソリンを放棄してサボることができた。しかしその中に1組だけ入っていたその名前が、僕にサボることを止めさせた。

そのコンビは「麒麟」。当時僕らがオーディションを受けている劇場でほぼ同じランクの先輩で、もちろんテレビにはほとんど出たこともない、その当時ほとんど無名のコンビだった。

「M-1は基本、テレビに出てるような先輩やキャリアのある人たちが出る大会だから……」といったサボる理由は木っ端みじんに砕かれた。

いろいろ言っているが、シンプルに嫉妬心がものすごかった。仕方ないと言い訳して封じ込めてきた嫉妬心が、もうそうは言えないことによって爆発した。

気づいてしまった。キャリアとかテレビに出ているとか関係ない。頑張っておもしろいことをやっていれば出られたんだ。

つまり、シンプルにおもしろさや努力で負けてるという現状に気づかされてしまった。

さらにその大会で麒麟さんは大爆発した。あの松本人志さんが大絶賛。後日聞いた話ではそのコメントの途中から、現場にいた吉本の社員さんの電話が鳴りやまなかったそうだ。その日を境に麒麟さんは大ブレークした。

嫉妬をガソリンに変える。そして、サボる理由がなくなったことを喜ぶ。そう思い込ませた。サボらなければ自分にもチャンスがあると思うことで、努力に使う時間を圧倒的に増やせた。そうだ、いいんだ、頑張れるんだ、と言い聞かせて嫉妬の炎でエンジンを燃やし続けた。

そこからは舞台は全てＭ‐１対策モードに入った。

やっと獲得した定期的な舞台では、お客さんの非難を浴びながらも同じネタをやりまくった。Ｍ‐１には決勝に行くまでに必要なネタは極端な話、２本あればよかった。１

回戦のネタをもう一度やることも別にルールとしては駄目ではない。なので、決勝に行ったときのことを考えると、決勝と最終決戦用の2本があればいい。なので僕は2本のネタをひたすらやることにした。

ただ全く同じものをやるのではなく、いろいろなマイナーチェンジを加えた。一つのくだりに、単純にボケの候補を50個作って全て試して、一番ウケたやつを残すという入れ替え戦のような形でやっていたり、ツッコミのフレーズもいろいろ試したり、ある程度ウケるものが固まってきたら、ネタ内容は全く一緒だが、ボケを言ってからツッコむまでの時間を長くしてみるという細かいことまでした。

ノートのなかのネタの横には、ツッコむまでの秒数とそれのウケの量を書いていた。毎回、ライブが終わるたびに取捨選択の作業、そしてそれをノートに書く。そのときに思いついたボケは次の舞台で入れてみる。そして反応を見てそれを固定化する。その繰り返しだった。

こういうノート、この前数えたら前のコンビからのものを入れて100冊近くあった。最終的に僕たちが初めて出たM-1のときの医者ネタは、50回以上書いてると思う。接続詞の一つまで気にするようになったのも、このノートのおかげだ。

このノートがいろいろな緊張から助けてくれた。

「こんだけ頑張ってるんだから」という気持ちにしてくれるお守りになっていた。

Ｍ－１グランプリ２００４スタート

いよいよＭ－１グランプリの予選が始まった。

ここでファイナリストになれば片山さんがマネージャーになってくれる。それに、麒麟さんの売れ方は見ている。あの夢のような毎日が手に入る。高揚していた。そして高揚してもいいくらい努力をしてこの日を迎えられていた。

さぁ、変えてやる。この現状を。僕らを「オーディション組の素人」と言ったあの社員の顔が頭の中に思い浮かぶ。ノートに書いてある、半笑いで全否定したあの社員への反撃方法を見て闘志をさらに燃やす。

しかし、後に少しだけだが、その社員に感謝することになる。それは迫害してくれていたおかげでほとんど世に出ることがなかったため、何をやっても世間では新鮮に見られて衝撃を与えられたということだった。

努力をし続けると、過去を振り返って「あのせいで駄目なんだ」という考えよりも「あのおかげで得をした」と考えることで得るものが多くなる。

嫌なことがあったときはそれに対して、ただやみくもに腐るだけではなく、これがど

復讐というガソリンたち

・たくさんの芸人さんがいる席で僕に
「お前だけは芸人と思ってないから」と言ってきた
大物作家を許さない。
どんなに遠回りになってもいいからそいつの仕事はしない。
それが向こうのダメージになるように
それ以外の人たちのために全力で頑張る。

・僕のレギュラー番組を「あんなの誰も見てねーよ。
そんなことしてる時間あったら○○みたいにうちの番組に
貢献できるようにクイズの勉強しろよ」って言ったスタッフ、
そいつの番組ではどんなにわかる問題でも答えない。

・カップルで彼女が僕に気づいてる横で「誰こいつ知らねえん
だけど」を連呼していたバカそうな彼氏、写真を撮るとき全部
目をつぶって下向いて撮ってやった。

・僕らがやっていた深夜番組にゲストで来たときは
美脚がウリなのにズボンで来て、
そのあとの先輩の番組ではミニスカートをはいていた女タレント。
売れてミニスカートで来てもいっさい弄《いじ》らないで帰らせる。

これまで書き殴ってきた

・養成所で「関東人おもんな」と言ってきた奴全員許さない。売れて、すり寄ってきたときに名前忘れてる感全力で出す。

・授業の始まりのときにしんどそうにあくびしながら「この期はキングコング出たからもういいやんけ」と言った講師の作家、いつか売れたときに作家さんに声をかけるときには真っ先に名前を外す。そしてほかの新人作家について「この人がいてくれるだけでほかいらないです」って言う。

・授業でキングコングの受賞してる姿をただビデオで流して帰った養成所の講師、将来売れたときに「恩師は?」と聞かれたら、お前以外の講師の名前全部言う。

・社員の○○が否定してきたことを全部やる。それで評価されたあとにダメ出しをもらいに行って全部無視する。

・「素人だから劇場出番は南海キャンディーズにはあげない」と言ってきたあのときの社員からの電話は1回では出ない。

・あのとき社員におもしろくないと言われたネタでテレビに出てウケる。それを劇場でやってもう1回ウケる。テレビで評価されたあとなら絶対変わるはず。

ういう形で自分にメリットを持ってきてくれるようになるかを考え、そしてそのために努力する。こういった形での復讐は努力に変えられると気づいた。

そして目新しさもあって僕らは順調に笑いを取っていった。

そしてその勢いのまま準決勝まで進んだ。ここまでやったネタは2本、絶対の自信があるネタだけで来た。

準決勝、ここからがぐっと狭き門になる。約70組から9組が決勝、つまりテレビでの舞台に立てる。この70組もただの70組ではなく全国の約2600組の中からの70組だ。ネタは何十回とやってきた医者ネタをやることにした。

何十回と書いたノートと何十回とやったライブが、信じられないくらいの自信をくれた。「これで駄目だったらどうやっても駄目だ」と言えるくらい会心の出来だった。まぁ、あの会場の状況を見るとどのコンビもその気持ちはあっただろう。みんなウケまくっていた。

大きな会場での大きな笑い声は、しばらくの間いろいろな夢を見せてくれた。落ちるという心配を感じさせないでくれた。どんな状況でも、ウケるというご褒美は嬉しい。

結果は、東京でも開かれている準決勝のあとに発表になるということで、ひとまずその日は帰った。

翌日指定の場所に行く。ぞろぞろと準決勝進出者が集まってくる。昨日の会場の笑い声に見せてもらった夢の効果は切れ、緊張が体中を支配して、慣れ親しんだ仲間との会話もぎこちない。そんな中、支配人が1枚の紙を持って登場、結果の紙を張り出した。近くにいる人たちから思い思いの声が発せられる。どよめきだったり、勝ち取った雄たけびだったり、落胆の声ばかりがメインの中、いろいろな思いがあふれていた。怖かった。ここに名前がなかったらもう1年いろいろなことが遅れていく。自信があるからこそ怖かった。失敗したときの言い逃れが見つからない。そのまま顔を張り出された紙に向ける。

音が一瞬何も聞こえなくなった。

そこには、南海キャンディーズとあった。

ゆっくり、しっかりこぶしを握り、喜びをかみしめた。相方とその気持ちをわかち合おうと思い探したが、相方は寝坊で来ていなかった。

とにかく嬉しかった。今まで描いていたセピア色の未来に一気に色が入った。それ以上のことは何も考えられなかった。

その部屋には、僕たちに「すぐ飽きられる」と言ったあの社員もいた。復讐ノートを思い出し、ジャブ程度の復讐をチョイス。その社員に挨拶に行き、一言伝えた。

「まだ飽きられてませんでしたぁ」

腕を組んだまま苦笑いする社員の顔は、そのあとの酒の肴に極上の一品として加わった。そしていつものメンバーと合流して朝まで酒におぼれた。いつも行く安い居酒屋のぬるいビールが、人生でもっともうまいビールになった。

医者ネタ

ここで僕らをいろいろなところに連れて行ってくれた医者ネタのことを書く。

作り方としては、南海キャンディーズのネタのベスト版という感じ。いろんなネタのいいところだけをつぎはぎにしたネタだ。そういう行為は、純粋な芸人のすることではないかもしれない。確かに、僕も憧れていた「おもしろいと思うものをただやる」という芸人の格好よさはないかもしれない。でも、今その最高の理想を叶えることは、今回の目的に直結しないと思った。

それは芸人としていけないことだとわかっていた。でも、この1回で全てが変わる。そのチャンスのためだから、芸人的な格好よさは一回おいておく。これがうまくいったときに芸人の格好よさを出すチャンスは何百倍も来るだろうから。そのときに出せるように頑張る。今はとにかく自分たちの中で一番ウケるものを創る。それ以外はすることはないと思っていた。

つぎはぎのネタとはどんな形かというと、他の設定でやっていてウケたボケを、今回の医者という設定でも使えるように少し変える。流れの邪魔をしないように置く。例えば美容師のネタで、驚くときのしずちゃんが古いリアクションをとるというのがウケたなら、それは設定が変わっても使えるので利用する。驚く箇所を作って、そこに当てはめる、といったように作っていった。僕の言葉がウケたところなんかは足しやすかった。

憧れたネタの作り方ではなかったけど、たくさんの笑い声が自分を否定する時間を奪ってくれた。何より楽しかった。

山　僕ね、お医者さんになりたい
し　(両手をあげおおげさに古い動きで驚く)ぷぷー
山　……平成だよ
し　じゃあちょっとやってみよう。山ちゃんお医者さんやって
山　わかった
し　私、火を怖がるサイやるから

山　メス
し　（火を怖がるサイ）
山　メス
し　（火を怖がるサイ）
山　駄目だ、俺こんな状況生まれて初めてだ……

一番最初にやったときは、はじめのしずちゃんの「私、火を怖がるサイやるから」に対して「なぜ?」とすぐ突っ込んでいた。でも突っ込む前にお客さんが笑っていたから、ここは僕はいらないと考えて最終的にこうなった。

基本はしずちゃんがボケてそこだけで笑い声が起きて、そのあとに補足的に自分が何か言うという形、これは自分が作った発明品だと思っていた。だから、こんなやり方でも心から自分のやってることは間違ってるというところまで気持ちが落ちず、他のことを割り切れたんじゃないかな?と思う。これも一つ自分の武器になった。

山　それではオペを始める。メス
し　はい（メスをわたす）

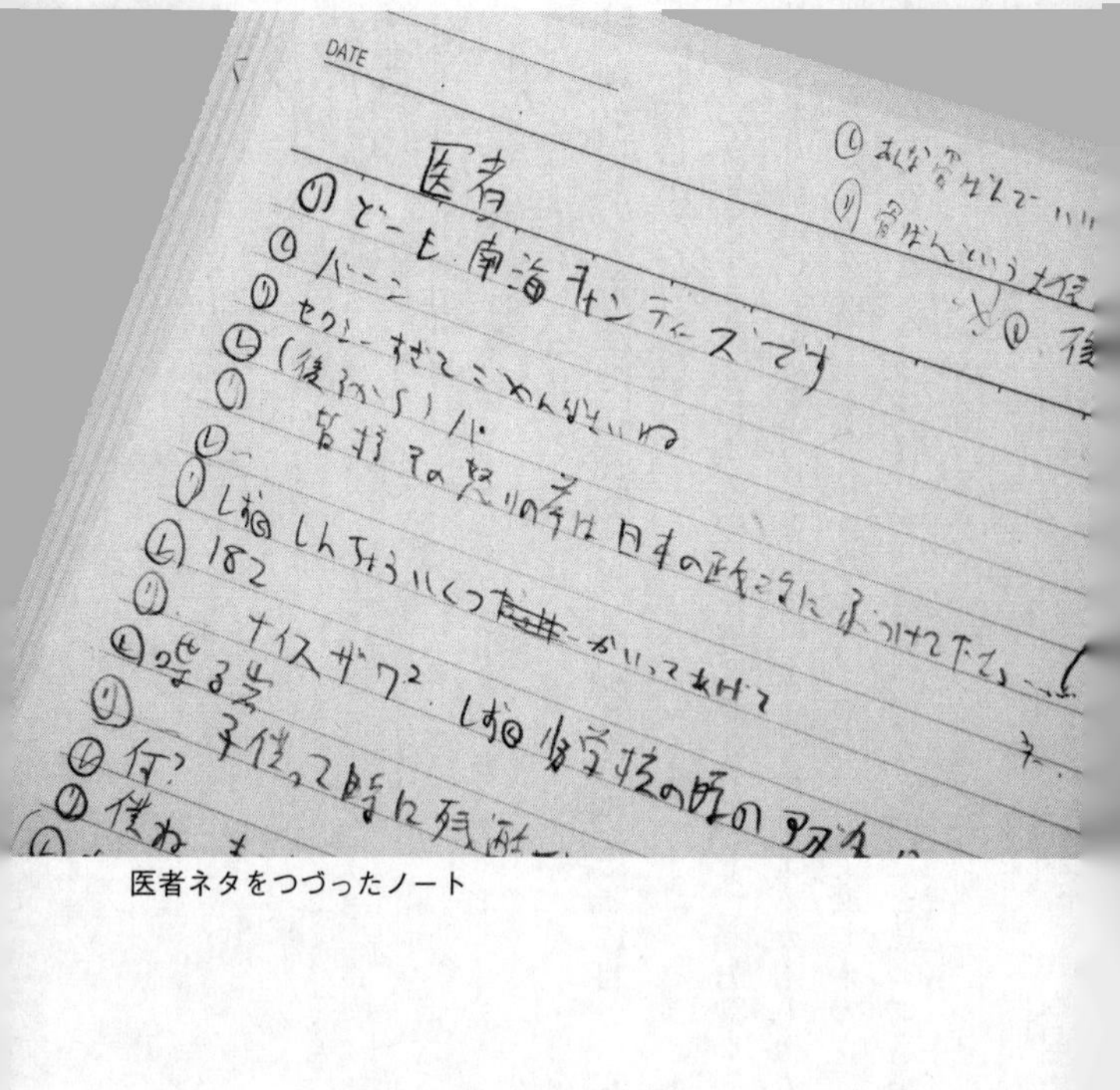

医者ネタをつづったノート

山　汗
し　はい（制汗スプレーで山里のわきに）ぷシュー
山　？？　メス
し　はい
山　汗
し　はい（制汗スプレーで山里のわきに）ぷシュー
山　ごめんとしかいえないわぁ！

ボケ自体はわかりやすくそれだけで成立しているものを、そこに自分の存在意義を見つける。そんな感じだった。

こういうふうに自分のネタを分析するのは正直恥ずかしいし、格好悪い。ほかの芸人から見たら、当たり前のことを偉そうに書いているように見えるかもしれない。でも、そうやって作ったこのネタは、本当に好きだった。やっていて楽しかった。

これが味わえたということは、プロセスに間違いはなかったと思ってもいいのでは、と思っているし、思い込ませている。

失うものなんか何もない

自分が芸人だからそう映っていたのだろうが、M-1の決勝が近づくにつれてメディアをはじめ周りがM-1一色になっていった。

ファイナリストとなった南海キャンディーズに、今まで経験したことのないことが次々と目の前に現れた。取材の嵐だった。取材なんて、つい最近までは街を歩いているときにニュース番組の街頭アンケートで、大物芸能人のスキャンダルについて聞かれたくらいだったのに。それも「梅田の若者」という名前で。

そんな自分が写真をバシバシ撮られ、きれいなホテルの一室でたくさんの人に囲まれて話す。まだ現実として受け取れない感じだった。目の前に起こることの一つ一つが幸せだった。取材をしてくれる、写真を撮ってくれる、僕たちのことをおもしろいと言ってくれる、生搾りオレンジジュース的な高いジュースを飲ませてくれる。この一つ一つがどんどん夢を見せてくれた。

自信からくるサボりを消すために、「決勝でいい結果を出したら、この何十倍何百倍の幸せが体験できるんだ」と言い聞かせた。「ネタはできてるし、もう寝てもいいかな?」と思う夜にこれを思い出して高揚させて目を覚まし、ノートにほかに試せる言葉をいくつも書いた。こういうことができた日は自分を褒めてあげて、熟睡した。

普通なら発生するであろうプレッシャーというものが、当時ほとんどなかった。理由は簡単なことだった。「どうせ誰も知らないし」。

失うものなんか何もない。一番下にいるのだからという気持ちが僕の中であった。ただそれだけでは卑屈になってしまう。でも、卑屈を生み出さなかったのは、医者ネタの手応えだった。何か一つ自信が持てるものさえあれば、他のマイナスの要素をプラスに転じさせることができる。だからその自信の持てる一つを作るためにはひたすらに頑張ったほうがいい。頑張るものを見つけたとき、それがもたらす効果は自分の思う以上に絶大だった。

それが張りぼての自信をより固くしてくれる。固くなった張りぼての自信は違う展開を見せてくれる、そう思った。同時に「自分を卑屈にする要素」を意識すると、それをすぐに否定できてプレッシャーから解放されるということもわかった。

そして本番に向けて、ただひたすらネタ合わせを続けた。周りの環境は変わったとはいえ、急激に仕事が入ってくるというわけではなく、ちょこちょこと取材が入るという感じだったので、出場メンバーの中では群を抜いて時間があった。その時間を全て本番で勝負しようと思っている2本のネタに費やせた。

このタイミングで何も決まった仕事がないことを初めて嬉しいと思った。大きな目標の前に時間があるというのは、いろいろなものを高めてくれるし、本番のときに大きな追い風を吹かせてくれると感じた。THIRD STONEでもライブをやったり、劇場のライブでネタを試し続けた。

そのM‐1直前のときのノートは1冊丸々医者のネタだけというものが何冊もあった。何度も何度も書きまくった。

夢の始まり

12月26日本番、1年前は敗者復活のために夜行バスだったが、この年は新幹線で行けた。会場に入っても、まだ足元はふわふわとしていた。これが夢見心地かぁ……なんて感じていた。控室には独特な空気が流れていた。

ネタ合わせをしづらい空気。気さくに話していないと焦っていると思われそうな、そんな空気がぶつかり合っていた。

本番がスタート、全出場者が登場する。年末のゴールデンといわれる時間の生放送だ。テレビなどほとんど出たことのない僕たちだから、さすがに緊張した。

1組ずつ呼ばれて登場するが、ここで一つ決めていたことがある。登場して立ち位置に着いたら、しずちゃんに何かポーズを取ってもらおうと。

なぜかというと、そのポーズに対するお客さんの反応で、しずちゃんはもちろん、自分たちが受け入れられるかを確認しようと思っていたからだ。受け入れられなかったとしても、ネタは直せないからどうしようもないが、仮に受け入れられれば自信によって緊張からの解放を手にすることができる。そのほうが圧倒的にいいと思った。

僕たちの登場のときが来た。紹介VTRが流れ、呼び込まれる。そしてしずちゃんがーポーズする。

会場に笑いが起こった。ギャンブル成功。緊張はかなりなくなった。

出場者全員がそろい、くじ引きによってネタをやる順番を決めることになった。

僕は自分の番まで他の人のネタを見ないことにした。前がウケているとそれはプレッシャーとなって襲ってくるし、ネタのテーマが似ていたりすると自分たちがやるときに余計な考えが入り、フルスイングでネタができなくなる。自分の今日の1回戦でやるネタが揺るぎないものだと信じていたからこその作戦だった。目の前に勝負が来ているときは、自分の戦力の不安を確認し直すより、その不安を消す方法を導き出したほうがいい。

そして、僕は今からやるネタに対するいろんな人からの「褒め言葉集」を思い出していた。仲のいい作家さんが腹抱えて笑ったと言った、THIRD STONEのお客さんが「こんなに笑ったのは久しぶり」と言ってくれた、合コンの女の子が「テレビで医者ネタを見たとき家族で大爆笑したの」と言って、その日電話番号を教えてくれた、など。中には自分に都合のいいように脚色をくわえたものもあった。

THIRD STONEのお客さんが書いてくれた色紙の寄せ書きを1回撫でて大きく深呼吸をした。そこに声が聞こえた。

M-1 2004決勝戦のお守り

「南海キャンディーズ、スタンバイお願いします」

スタッフさんに呼ばれた。舞台横のスペースに移動する、最後にもう一度、頭の中の妄想シアターで成功したときの自分を考えてニヤける。前のコンビが終わる。僕らのコンビ名が呼ばれ登場の音楽が流れる。しずちゃんに一言。

「まぁ、このネタおもしろいもんね」

無言でうなずくしずちゃんを確認し、両手を上げ舞台に向かった。

僕らのネタは登場でポーズを取ってから始める。これはテンポの遅い漫才をする僕らだから、少しでも多く笑ってもらうためには?ということでやるようになった。

この摑みが受け入れてもらえるというのは、登場のときに試しているので安心してやった。そしてネタに入る。しずちゃんがぶりっ子したことに対しての返し、「皆さん、その怒りのこぶしは日本の政治にぶつけてください」がウケた。このブロックも何回もいろいろなものを試した。そしてその中を勝ち抜いたフレーズはやはり本番も強かった。自分がやった方法は間違いじゃなかった。テンションがどんどん上がっていくのが自分でもわかる。火を怖がるサイのくだりで聞こえたお客さんの笑い声を聞いたとき、頭によぎった言葉がある。

「俺たちこれをきっかけに売れちゃう!」

ネタが自分たちの思っていた以上に楽しくできた。その証拠に、何回かしずちゃんが笑ってしまっているのが見えた。オチの部分を言うときは、もう終わってしまうと切なくなるほど楽しかった。

司会の今田さんの第一声「南海キャンディーズ、ものにしたねぇ」の言葉が高揚感にさらなる盛り上がる燃料となって投入された。

そして得点発表、MCの方の「お願いします」をきっかけに審査員からの僕らの点数がモニターに出される。その時点でトップの点数だった。審査員の方々がいろいろなことを言ってくれる。その一言一言が、体を甘く優しく包んでいく感じがした。最高に嬉しい瞬間だった。

楽屋に戻ると、片山さんが無言で何度も僕にうなずいてくれていた。夢が始まったのを感じた。そして、この高得点なら次の最終3組による決勝に立てる可能性がかなり高くなった。

正直に言うと、僕らはもともと優勝なんて大それたことは考えていなかった。見てる人の記憶に残したいというのが一番の目標だった。

見てる人とは、もちろん視聴者の方や審査員の方々というのもあるが、正直それと同じくらい見て欲しかったのは、テレビを作っている人たちだった。南海キャンディーズという名前をテレビの企画会議で出したくなるようなネタを、という思い、それが2本目のネタを決めた。

2本目のネタは、しずちゃんがMCの女性タレントに喧嘩を売るというネタだった。賞がかかった大会でこういうネタは嫌われるのはわかっていた。でもあの時点で一番自分たちをわかってもらえ、そして優勝より売れることに直結するのはあのネタだと僕は考えていた。

だから決勝戦進出が決まったとき、「よし！　優勝だ」ではなく「あのネタがテレビできる。次につなげるぞ」という気持ちのほうが大きかった。
その時々の最終的な目標を考えて、そこへ行くには何を選択したらいいのかを考える。
それは、間違っていなかったと僕は思っている。

【決勝2回戦のネタ】
山　どーも南海キャンディーズです
し　（大砲の構え）どーん
山　さ、大女の大砲で幕を開けました
し　惜しいわぁ
山　何急に？
し　（MCの女性を指差して）あいつもまぁまぁいい線までは行ってんねんけどなぁ
山　何言ってんの⁉
し　残念やわぁ
山　だいぶ残念なあなたが何言ってるの？
し　なぁ、見て、めっちゃ憧れの目で私のこと見てくる

こんなネタだった。実際ネタはウケた。それがこの考えを肯定してくれた感じで嬉しかった。

が、結果は完敗だった。でも大丈夫、なぜか妙な自信があった。

M-1バブル

M-1決勝が終わって打ち上げがあった。会場の近くの居酒屋だった。頭の中がまだふわふわしていて、そのときの会話とかはほとんど覚えていない。

携帯の着信とメールが限界まで入っていた。留守電を聞くと母親がすごいテンションで「おめでとう日本2位」というなんかちょっと引っかかるような祝辞。周りでは吉本の社員さんが僕らの名前を出しながら大人の会話。胸がわくわくしたのを覚えている。社員さんが冗談めいた感じで、「忙しくなるぞ」と肩に手を回しながら言ってきた。その中に片山さんがいた。電話が止まらない、と言っていた。

家に着き、その日は特に予定もないので家でゆっくりすることにした。おなかが減ったので行きつけのスーパーに買い物に行くと、視線を感じる。ひそひそ話の間に「山ちゃん」的なワードが何回も確認できる。そこでいつものように軽く会釈したときだった。会釈をきっかけに周りの人が一気に集まり、撮影の嵐。どうしようと右手に持っていた、特売のいわしフライをこっそり隠し、笑顔で撮られ続けた。とりあえず、から揚げとご飯と、ちょっと見栄を張って上等なコーンスープを持ってレジに行った。レジの人が「キャーこちらのレジどうぞ」「こちらに」「こちらに」という感じで僕を自分のレジに誘い合ってる。

ナンだこの感じ？　嫌いじゃない、などとはにかみながら、レジに行くとなんとタイムサービスでもないのに、から揚げとご飯に半額のシールを貼ってくれた。「応援してます。昨日おもしろかったです」とまで言われた。

おとといまで6時にならないと貼ってもらえなかった半額シールがお昼に！　何か信じられなかった。早速、実家に伝えようと電話をすると第一声、母親がハイテンションで、「どうもスターを産んだ母親です」とかなり浮き足立っていた。

話によると実家のほうも大変なことになっていたらしい。電話は鳴りっぱなし、マンションの方々が色紙を持ってくる、母も知らない自称親戚からも連絡が来る、おばあちゃんが嬉しさのあまり興奮しすぎて高血圧で倒れる……などなど母親の弾んだ声での説明はずっと続いた。そこに今起きたエピソードを話すと「すごいねぇ」とそれも嬉しそうに聞いていた。「もう、特売のいわしフライとか買えないね」と言っていた。

これはまだ序の口だった。いつものように市バスに乗るとやはりひそひそがあったり、バックミラー越しに運転手と目が何度も合ったりした。とりあえず会釈してたら、目的地に着くころにはちょっと首が疲れていた。

バス停から劇場に向かう。1人が気づくと一斉にわーっと集まってきて写真を撮られまくる。まだサインもない僕はサインの要求に対して出された紙に「山里亮太」とひたすら書いた。口は半笑いだったと思う。

劇場に着くと先輩たちが「お前やったなぁ」と嬉しい言葉をかけてくれたり、「これからいっぱいテレビ出るようになるなぁ」とか楽しく出迎えてくれたりした。

スケジュールの確認に事務所へ行った。「若手」とシールのついた大きなファイルに自分の名前を探し、予定を見る。今まで真っ白だった僕らのスケジュールのところにたくさんのテレビ局の名前が書いてあった。その中にちょこちょこ見える「移動・東京」の文字が嬉しかった。ただその嬉しさの隅っこから少し顔を出してきたものがあった。

それは恐怖だった。

目の前に来たものはただのご褒美ではなくチャンスなんだと思った。今まで何もなかった自分に、いろいろな打席が急に来たのだ。漫才という打席は必死で頑張ってきたけど、それ以外の打席には一度も立ったことはない。そんなこちらの事情とは関係なく、これからそういう打席が巡ってくる。

自分がその未体験のチャンスに立って何ができるのだろう。失敗したらどうしよう、というやっかいなものが大きくなろうとしていたが、ずっと温めていた張りぼての自信が恐怖を押し隠していた。

変化はまだまだ続いていった。ご飯を食べに行くと注文していないものまで出してもらった。バイトに行けば、バイト先のホステスさんが以前よりも2オクターブくらい高い声で僕に話しかけてきた。

合コンに行けば、かつて熾烈な譲り合いがあった僕の隣の席が取り合いになった。「鳴らずの携帯」という異名を持った僕の電話に、記憶にない方々からたくさん電話が来た。母親が家の卵を特売からヨード卵に代えたと父親からも電話が来た。ヤフーで自分の名前を検索すると3日前の何千倍もの検索結果が出た。それまで「山里」を入れると、どこぞの敬老会のホームページ「山里を歩く」というのが出てきていたが、それも変わった。

だけど、これをただ嬉しい、売れた、と考えると駄目になる。この貯金を元手に、次の打席に立つために何をすべきか考えること、加えて違う打席に立つ勇気を作らなくてはいけなかった。

リアルな変化は、日々マネージャーから渡されるスケジュール表というものに表れた。

関西の番組の出演がかなりの数そこにはあった、それこそ毎日のように。嬉しさのあまり2部コピーして実家に送ってしまうほどだった。

目の前に流れ込んでくるたくさんのご褒美、そこにおまけで付いてくるもの、「慢心」。これが一番怖い。僕がとったのはわかりやすいほどの謙遜という姿勢だった。ただ、これを周りにするのではなく、自分にした。

「ラッキーで2位」「ネタ数も少ないからネタがなくなったらすぐ飽きられる」「初めて見たからあんなにウケた」、そう自分に言い聞かせもした。調子に乗らないように、このときのちやほやの嵐の中ではこれが必要だった。

しずちゃんとの初めてのぶつかり合い

関西の番組をメインに、時折全国のテレビのために東京へという毎日が始まった。もちろん舞台もあったが、それはもうｂａｓｅよしもとだけでなく、うめだ花月やなんばグランド花月（ＮＧＫ）にも立たせてもらえるようになった。

舞台数も増えテレビにも出られる。ここまで露骨に変わるものなんだと、毎日驚いてばかりだった。

初めてのレギュラー番組の話も来た。それは笑い飯を筆頭に麒麟、千鳥と南海キャンディーズの4組が出演する、お笑いと阪神タイガース情報の融合というなかなか斬新な関西ローカル番組だった。さらに斬新さにスパイスを加えたのが4組とも全然野球に興味がないということ。阪神情報を流している最中、時々ワイプ（画面に小さい四角でスタジオの人のリアクションが映っているやつです）に眠っているしずちゃんを確認できたくらい。

その番組でのロケのこと、初めてコンビとしてのぶつかり合いがあった。

そのロケというのが「男性の指の太さとちんちんの大きさは比例するという噂を検証しよう」というものだった。しずちゃんが失礼にも男性の股間を触る、僕が慌てて止めるといった感じだった。

ロケの合間、しずちゃんが股間を触った男性に丁寧に「さっきは失礼なことしてすみませんでした」と謝っていた。それを見て僕が「謝るとかは僕がやるから、しずちゃんは謝ったりしないほうがいい」と言ったのだ。

僕の中では、しずちゃんは得体のしれない存在にしておきたかった。だから失礼なことをとかしても謝らないし、何が悪いかもわからないくらいの空気でいて欲しかった。しかし、この言葉に対して露骨にしずちゃんは嫌な顔をした。

そしてこっちを見ずにボソッと「私、普通の人間なんやけど」とつぶやいて、そこから一言も話さなくなった。このコメントが出る時点で、モンスター寄りな気がしないでもないが……。

前のコンビでも発症し、猛反省したはずの病気「干渉」は、ずっと僕の眉間にしわを寄せさせた。相手の生き方への干渉は、自分もされたくはない。でも「されたくはない」「したくはない」というものでも、ある一定以上のところを目指すとき、避けて通れないものもあると僕は思っていた。

でも、この考えは僕のものであって相手に強要できないし、理解もしてもらえない。ではこの「されたくない」「したくない」を感じさせずに意見を言うには？　これが自分のテーマになった。だけど、このときの僕には残念ながらそれは無理だった。

僕はいつもしずちゃんから言われて大嫌いな言葉があった。

「私は私のペースでやる」

それを最後にしずちゃんは何も聞かなくなる。この言葉が嫌いなのは「私のペース」という言葉のオブラートの裏側にある、「しんどいと思いながらやるのは違うから、しんどくなるほど頑張らない」というところだ。少なくとも僕にはそういう意味に思えた。

この逃げ方が大嫌いだが、変えさせることはできないとあきらめた。

このときに、コンビとしての仲が最悪という状態に向かって走り出していたが気づいてはいなかった。この未解決のことが気づかない小さな傷のようにあとで大きくなっていって、ぶつかることになった。ストイックな自分と怠ける相方、こうした関係性が滅ぼしたコンビのことを僕は忘れていたようだった……。

ドヨーンの始まり

M‐1のネタが、以後の僕たちの基準になった。これから僕らのネタを見る人たちは、長い時間をかけて作りこんだ医者ネタを、僕たちの基本と見るのだ。それが次のネタへのプレッシャーになった。

新ネタをするときの緊張感が、今まで以上に大きくなっていくのは日々感じていた。ライブのアンケートにも「医者ネタのほうが私は好きです」というものが多々あった。

このときに僕が陥ったミスがあった。それは医者ネタを公式化し、それに違うワード、設定を当てはめていくという作業をしてしまったのだ。それはかつての自分たちがしていたのと同じミスだったが、押し寄せてくるいろいろなことにいっぱいいっぱいになって気づけなかった。

根っこの部分に自信を持てないままにたくさん舞い込んでくる物事に、成功したらもっとできたんじゃないかと不安になり、失敗すれば大きく反省するという負のスパイラルに徐々に入り出した。

そして東京で時折感じる疎外感。皆が皆M－1を見ているわけではない。仕事の現場で、挨拶をしても「誰？」という感じで怪訝《けげん》な目で見てくる人もいたし、僕らが挨拶しにいったときにこちらを見ずに「どうも」みたいにしたアイドルが、いつもテレビに出ている方々には「おはようございますっ♪　今日お願いしますね」なんて言っている姿を見ると、前までの自分ならそれを怒りのガソリンにして走るという選択をするところが、「やっぱりまだ東京は早かったかな。ラッキーで来たから、皆すぐ消えると思っているだろうな……」とネガティブ満載、楽屋でうじうじしていた。

マンガでこのシーンを描くなら、間違いなく効果音はドヨーンという感じだった。

そして本番になっても、「こんな僕が」という前置きが邪魔して前に出ることができない。それで失敗したと悩む。どんどんと負のサイクル中に飲み込まれていった。

今なら思う。「こんな僕が」とか「邪魔しちゃいけない」という言葉は、頑張ることをやめるのに最適の言葉でしかない。その言葉に甘えて、時間が経っても何もしなかった自分に幻滅する。このループを断つことができていたら、あんなに心を追い詰められることはなかっただろうなぁと本当に思う。

そのときは単純なことに気づけていなかった。自分がずっと大切にしてきた、貯金した自信を使う、という単純なことに。

あまりのスピードで動く周りに、スタートラインやそれまでの準備運動期間を忘れてしまっていた。

自分の知らなかったことが目の前に出てくれば、そこで想像もしなかった悩みが出てくる。例えばコメントを求められるシーンで最後のオチの位置が僕らだとして、それまできれいにフリが来ていたのに、僕らの手前のアイドルがオチの台詞を言ってしまった。さぁどうしよう？　エピソードトークをしていて、オチに差し掛かるところで、大物の役者さんが「それ嘘でしょ？」と鬼のような相槌を打ってきた。さぁどうしよう？

今まではなかったそんなプチトラブル。それをそのときの自分の駄目さだけを見て「俺は駄目だ」となっていては何にもならない。そのときの状態をプラスにする力が必要だった。

今思えば、そんなときも作り上げた張りぼての自信たちを活躍させて、オチ前で壊されたことを僕の手柄にするにはどうすればいいのかなどと、一つ上の次元の悩みにすることだってできた。そういう小さなことの積み重ねが成長というものだと思う。駄目な現状をプラスに転じさせる悩みを持つ。これは非常に大事なことだと思っている。

しかし、当時の僕はこんなことを考える余地は全くなかった。

人と話すのが怖い

忙しさに慣れていない自分たちに、容赦なく慌ただしい日々が襲ってくる。あんなに憧れた忙しさも敵みたいに思うようになっていった。劇場の出番に加え、テレビの収録、さらにお芝居まで決まった。そのときのスケジュールは、忙しさに慣れていない僕には手ごわすぎた。

大阪で舞台、テレビのゲスト、そして終電の新幹線で東京に行き、そこから朝まで芝居の稽古をして、始発で大阪に帰る。もしくはまた稽古して昼間に東京での仕事、終わったらすぐ大阪でライブ、テレビ、そして終電で東京に行き朝まで稽古。

しかも、吉本興業はすばらしい会社で東京での稽古の期間、泊まるところはしずちゃんはウイークリーマンションを借りてもらっていたが、僕は何もない。理由は「山ちゃんは男の子だから」。

全く納得がいかないが、従わざるを得なかった。カラオケボックスやまんが喫茶で寝ることが普通に言い渡された。一応最初は「共演者の家に泊めてもらいな」ということになっていたのだが、生来の人見知りがそんなことを可能にするわけもなく、僕は転々としていた。

そんな状況で過ごす毎日、もう何がなんだかわからなくなってきた。そこに入ってくる関西の新ネタ番組。いつ新ネタを作ればいいのか、と愚痴を言える身分でもない。ただなんとかやらねばとネタを作るが、案の定クオリティーは低い。本番前の手見せでも酷評を受ける。ただ昔と違うのはここで終わるのではなく、M‐1ファイナリストの漫才という宣伝効果のほうが優先され、そのネタでもテレビ出演が決まってしまう。

そしてテレビに出ると、案の定ウケない。一発屋などとののしられる。もう足元も何も見えない。何もかもが中途半端に過ぎていく。いろいろな人に迷惑をかけていた。

そのころの口癖は「すみません」だった。人と喋るのが怖くなってきた。みんなの視線も怖くなってきた。昔アホみたいに描いていた妄想劇場は、暗いものばかりになった。スケジュールを見て、知っている全国ネットの名前を見るとうきうきしていた気持ちはもうすっかりなくなり、全国で失敗したらどうしようという不安のほうが大きくなっていった。心は日々みしみしと壊れる音を鳴らしていた。

壊れていく心

作り上げていた張りぼての自信たちは、かけらも見つけることができなかった。自分はおもしろい奴だと思いたくても、何度も「おもしろくない奴」という言葉がよぎった。親の「頑張って」という応援さえ嫌味に聞こえ、イライラしていた。おもしろいと言われたい。その感情がいつしか「おもしろくないと思われたくない」というものに変わっていた。足元は真っ暗だった。誰かに悩みを打ち明けると、そこから「あいつは自信をなくしてる」と思われるのではないかと、それが怖くて、打ち明ける人もいなかった。しずちゃんにも悟られたらいけないと思っていた。だから誰にも言えなかった。

みしみしと聞こえてくる心のきしむ音。ウケたときにも「お客さんは雇われてきてる笑い屋さんだから」と考えるようになっていった。

自分に自信がないときに襲ってくる、最も厄介な敵がやってきた。

それは、全てを相方のせいにしてしまうというものだった。

「俺がこんなに悩んでるのに、俺がこれだけやっているのに」という気持ちが芽生え、しずちゃんへの心を完璧に閉ざした。何も見えなくなった。

売れているすごい人からしたら微々たることかもしれないので恥ずかしいのだが、僕はどんどんと追い込まれていった。その状況を冷静に客観視してしまう僕が、また自分をますます追い込んでいった。

負の状態を自分で認識することは、非常に怖いことだった。そこに絶対的なプラスのものを持っていれば負の認識はとても有効なことだけど、それがないときはただ自らを追い込むだけだった。

その頃、ある賞レースがまた始まった。毎日放送の「漫才アワード」だ。

僕らは予選を辛くも突破し、本選の生放送に持ち込んだ。1回戦の相手は普段から仲のいい同期のコンビ「とろサーモン」。彼らはまさに当時、僕たちがしていたことの真逆、自分たちがおもしろいと思うことをやったらおもしろいという、自分たちに絶対の自信のあるコンビだった。正直、その日どのコンビよりも当たりたくない相手だった。

この年から、審査が1000人の高校生による投票制になっていた。僕たちの対戦のときが来た。僕らの用意したネタは今までのつぎはぎで、数年前にやったネタ。登場したときのお客さんの反応は、自分で言うのもなんだが、その日一番と言っていいほどだった。その盛り上がりが逆につらかった。

そこからネタに入る。手ごたえは全くない。そしてネタが終わる。最初の大歓声を思い出すと恥ずかしくて舞台にいるのが嫌になる。後攻のとろサーモンが出る。対照的に歓声はほとんどない。しかしネタになるとものすごいウケる。その笑い声の一つ一つが鋭利な刃物のように僕の体に突き刺さって来た。結局とろサーモンは、最後までその爆笑を取り続け、ネタを終えた。

そこに先攻でネタを終えた僕らが出ていく。会場はまだとろサーモンの余韻が残ってざわざわしている。1秒でも早く立ち去りたかった。そんなところに形式上の進行が来る。「南海キャンディーズととろサーモン、どちらがおもしろかったでしょうか？　スイッチオン」。

顔を上げられなかった。「おぉ」という会場の声、結果が出た。700対300くらいで僕らの大敗だった。300という数字がより惨めさを誘った。明らかに1000対0の戦いだったから。

恥ずかしい話、泣いてしまいそうだった。

情けなくて、コメントを求められて出た言葉は、一言「すみませんでした」。誰に向けてのすみませんなのかわからないが、それが一番正直な自分の気持ちだった気がした。

控え室に戻ると無言で着替え、エンディングの登場があることを知っていたが、そこにいることが苦痛で、帰った。

自分の力、現状はお構いなしに、それでもバブルは訪れ続けた。

どんどんと心が壊れていった。

Ｍ－１グランプリ再び

さらにそこに重なってくる向かい風的な忙しさ。削られていくのはネタを作る時間だった。ネタの数はやはり減っていった。全く同じネタを舞台でやるということも何度かあった。

劇場はそういう空気に敏感で、アンケートでも叩かれ始めた。「テレビタレントさんは劇場に来ないでください」「劇場をなめるな、不愉快だ」「早く東京に行って一発屋で消えてください」など、何があったらそんなに嫌なことが書けるんだと、そこが気になるくらい毎回書かれた。

だけど僕は大阪の劇場が好きだったから、なんとかネタを作って食らいついていこうとした。しかし「なんとか」で作るネタのクオリティーはそんなにいいものではなかった。その中でも時々できるいいネタのかけらに可能性を見いだし、ペースは遅いながらも作り続けた。何本かいいものもできた。

そんなころにまた始まった、Ｍ－１グランプリ２００５。

前年と全然違うのはネタに費やせる時間。しかしそれは去年優勝したアンタッチャブルだって、歴代の方々だって同じだ。そう言い聞かせながらも、どこかに僕らは結成２

年でストックがないというといういわけを隠し持っていた。

2回戦からの出場、なんとか作ったネタで勝ち残れた。しかし、ここで乗っかってきてしまったプレッシャー。それは僕らの枕詞が「優勝候補」になっているというものだった。

ハードルは自分たちが思っている以上に上がっていた。ネタに出る直前に吐きそうなくらいの緊張に襲われた3回戦、無事通過できた。そしていよいよ準決勝、その時点での一番の自信ネタをやった。ウケはよかった。しかしそれは前年度も同じ、皆ウケまくっていた中での話だった。

結果を待っているときは本当に辛かった。前回は落ちて当たり前、受かったらラッキーくらいのテンションだったが、今回は「優勝候補」なるものが頭についている。落ちたらこのコンビは終わるんじゃないかとさえ考えていた。

深夜2時くらいに電話が鳴った。

「M-1事務局です。南海キャンディーズ決勝進出です」

体中の力がふっと抜けた。「よかったぁ」。とりあえずロケ中のしずちゃんにメールで報告をした。

しかし、前回と決定的に違うところがあった。それは楽しみではなく恐怖のほうが大きかったことだ。

僕たちは今の状態で、M-1の決勝で見てもらえる水準まで行けるのだろうか。あの状況で恥じないものができるのだろうか。僕らは今が旬だからおもしろいよりも客寄せパンダ的な意味合いで合格したのでは？という情けない思いもあった。

そしてこの問いにすぐ答えられない自分がいた。実際スケジュールを見ると、直前まで予定が入っている。いつネタの準備をやったらいいんだ？

怖さばかりが募った。

前日に休みをもらって最後のチェック。何度ネタ合わせをしても納得がいかない。時間だけが過ぎていき、お互いを無理やり納得させて終わりにした。

当日、会場に集合時間より3時間前に入りネタ合わせ、無理やり士気を上げる。当日なのに何度もネタを変えたり、戻したりと定まらない。結局、元に戻して本番に向かう。

ネタをやる上で一番大事なもの、「自信」を持っていけなかった。

出番直前のスタンバイ、逃げたかった。隣を見るとしずちゃんは震えていた。

「もう終わりだな」

正直ネタ中の記憶があまりない。ただ、笑い声があまり聞こえなかった。僕のほうからは審査員の方々がよく見えた。その表情から勝手に心の声が聞こえてしまう。「こいつらが何でここで漫才やってるんだ?」終わってもコメントしづらそうな審査員の方々、その空気が頭の中に勝手にその人たちの言葉として辛辣な言葉を紡いでいく。「もっとおもしろい奴いただろ!」「売れてるからで出したら駄目だろ!」、こんなことは言っていないのだが、自分の脳内には勝手に響いていた。

そのあと爆発的にウケる人々に向けられる笑い声は、全て激しい風に乗った石つぶてのようだった。痛くてツラくて目があけられない。風が止むのを待つもいつまでも止まない。早くこの場所から逃げたい。

時々抜かれて目の前のモニターに映し出された顔は無理やり作る笑顔で見てられなかった。その笑いの嵐を最も起こして頂点を極めたのは、ブラックマヨネーズさんだった。キラキラ輝いていた。その景色は、僕にとっては気を失う前に目の前に現れるチカチカ、あるいはゲームとかでダウン寸前の時に現れるピヨピヨ的なもののように感じていた。

早く解放してくれ。自分が失敗したときに見せられるほかの人のウイニングランは心を抉《えぐ》っていく。頭に慰める言葉が見つからない。

楽屋に戻る。すると片山さんがケラケラ笑いながら飲みに誘ってくれた。そのときの言葉がなんとか壊れないようにしてくれた。

「ここで最下位を取るのがおもしろい！　売れる人は、極端に上か極端に下をとる！」

そのときは強引な慰めかと思っていたが、今ならわかる。駄目なときに駄目を悔いるだけで終わるか、それを武器に転化させる行動にどれだけ早く移せるか？が大事だった。

しかし、あのときはまだそこまで行けなかった。張りぼてで作られた自信は木っ端微塵に砕け散った。

もともとM‐1に行くまでも慣れない忙しさで手応えを感じないまま過ごしてきていた。2004で得たチャンスが連れてきたたくさんの打席は、三振するたびに物凄いスピードで僕を凡人だと思い知らせた。そこにきてのM‐1グランプリ2005の圧倒的最下位。

僕は自分を助けることができなくなっていた。

全ての現場で、笑い声が僕を殴りつけてくる。自分発信で起きた笑い声でさえ「周りはなんておもしろい人ばかりなんだ、その点自分はなんなんだ？　こんな世界目指しちゃいけなかったんじゃ？　今聞こえるのも失笑か同情の笑いだ」と恥ずかしくなった。

今ならわかる。こうやって自分ができないところを見つけては自分を責めるということが、無意識に逃げる理由ができて居心地が良かったということを。

僕が、お笑いのために時間を使うことを避けられる唯一の救いの時間があった。

そんな自分が肯定される瞬間、それは食事だった。

「生きるのに必要な時間だから、お笑いのこと考えなくていいや」

そうやって食べてるときは考えなくていいと思い、あるときはデリバリーのピザを数枚頼んで黙々と食べていた。時にはふと気づくと目の前にピザを食べた跡だけがあるときもあった。

「もう終わりだな」

その言葉を言うときが一番落ち着いている自分に気づいてしまった。

忘れるな!! 必ず復讐する!!

・バイト先で「お前は売れない」と言ってサインを破り捨てたジジイ
売れた後 絶対にサインは断る。

・社員の[redacted]の言った「お前達はあまやかしてる」と 異常に低い点数をつけたこと

・[redacted]に出してやるというのをエサに ナンパさせたり 飯をおごらせたり してきた
スタジャンのスタッフ 売れて この世界から消してやる
↑
こいつ本当のカス
夜中に[redacted]Pに会わせてやるからココで来い」といわれて
行ったら そいつの友だった、第一声が「な?またやろ?」だった
さられ その友に向けてネタやらされた、[redacted]

売れる 売れたら本気でつぶす!!
絶対に一生許さない

眠くなったらあのスタジャンの顔を思い出せ!!起きろ!!
ネタを書け!!
あいつらを全て後悔させてやる

終章
泣きたい夜を越えて

「おもしろいから早く死ね」

ある日、新宿のルミネtheよしもとで「ネタ祭り」と称して、各コンビがネタを2本ずつ披露するというイベントがあった。僕らもそれに出ることになっていた。

ホテルを出て会場に向かった。自分の中では向かっていた。

でも、気づいたら実家の千葉に向かう電車にいた。ほとんど無意識だった。ふと気づき、すぐに電車を降りて新宿に行った。ルミネに入っても人に会うのが怖くて、非常階段のところにずっと座っていた。

「辞めよう」と決意したとき、相方に伝える前にお世話になっていた千鳥の大悟さんに相談した。大悟さんは、当時大阪で活動している中、初めて東京でトークライブをやるということで、僕に声をかけてくれていた。

「辞めるにしてもそのライブは出てくれ」と大悟さんは言った。正直全てに自信をなくしていた自分が出てどうなるのか……。しかし世話になっている先輩の言葉、これを最後にしよう。このライブのあと、相方に言おうと思っていた。

ライブ当日、その日もギリギリまでテレビの収録だった。やっと終わり、重い足取りでイベント会場へ。

また駄目だったと自分に低い点数をつけて、へこんでる自分をゴールにするようになっていた。

僕が笑い声を聞くことなんてできないんじゃないか？とか悲劇のヒーローっぽいことを頭で紡ぎだして、また落ち込んで逃げていた。

千鳥さんのライブ会場に着くと、大悟さんが、「待っとったぞ。はよ、いつもみたいにおもしろいことばっか言え」と僕の肩を叩いた。

いざステージへ。そこから皆が僕を押してくれた。僕は喋った。

そのときだった。

たくさんの笑い声が聞こえた。僕が何か言うたびに爆笑が聞こえた。幻聴でも何でもなく、しかしそれはたくさんの人の思いから生まれた笑い声だった。

ネゴシックスやとろサーモン久保田は、僕についてのエピソードを本気で喋って会場の笑いを呼び、大悟さんがそれに乗りやすいように話を僕に振ってくれた。

気がついたら、僕は一心不乱に喋っていた。楽しくて楽しくて仕方がなかった。

お客さんが僕の話で笑ってくれる。僕のツッコミで笑ってくれる。それを1個1個実感させてくれる。それまでこびりついていたネガティブという錆《さび》が、喋れば喋るほど落とされていく感じ。くさい言葉で言うと仲間というものを心底感じた。楽しかった。そのままライブが終わった。

久保田が「やっぱおもしろいな」と言ってくれた。ネゴが「おもしろいから早く死ね」と笑いながら言ってきた。大悟さんが「やっと帰ってきたな」と笑いながら言ってきた。

そして大悟さんは「こんなおもろい奴が、お笑い辞めていいんか?」。僕はしゃべりすぎて少し枯れた声で伝えた。「続けます」と。すると大悟さんが嬉しそうに「じゃ、おかえり」と言って笑ってくれた。

それから辞めるなんて一度も思っていない。

よみがえる「張りぼての自信」

覚悟を決めた瞬間、今まで聞こえてこなかった温かい言葉が一気に聞こえてきた気がした。マネージャーの片山さんが言っていた「ビリ取るところがおもしろい」という言葉も強引な慰めではなく、本当に心から思ってくれていると思えるようになった。母親の応援もプレッシャーになっていたのが、こんなに嬉しそうになれる親の顔をもっと見たい!という頑張るための燃料になった。邪魔なものが取れた気がした。へこむということで全ての努力することから逃げるという最悪のブレーキ。これがなくなったことで、また努力することができた。そしてもう一度スタートラインを確認しようということに、やっと気づいた。

ネタだ。それも自分が楽しいと思うもの。それを意識してとりあえず書きまくった。

舞台でやってみた。ウケるところとウケないところのばらつきはあったが、手ごたえを感じるところもあった。そこを生かし、また変えるという作業をした。

ネタに集中することで、自分が芸人だと再認識できて、芸人・山里のために作ってきた張りぼての自信の効果も復活してきた。これまで貯金していた笑い声を思い出せるようになってきた。張りぼての自信口座は、再び貯金を始めた瞬間に生き返ってきた。

目的を決めてそこに向けて作っていった張りぼての自信は、僕が違う方向に行っていたらその力を発揮してくれない。僕は数々の失敗の場面で自信の貯金を全部使ってしまったのではなく、直面した苦難に対しての自分の慰め方、つまり自信の使い方を忘れてしまっていたのだ。

僕の張りぼての自信は、おもしろいとされた数々のことでできている。芸人である自分専用に作られている。だから自分が芸人であるという気持ちが薄くなれば、その自信の効果も薄くなっていってしまう。自分の目的に合わせて作られた自信、目的を再確認し、再確認できたらその場所にもう一度立つ。その行為は非常に大切なことなんだとわかった。

この気持ちは他の場面でもプラスに転じ始めた。

ネタを見て僕らが呼ばれたのはどういうことかを考えて、改めてネタの中のスタンスを明確にした。テレビでバラエティーを見るときも、自分たちならどうするかというフィルターを通して見るようにした。完璧ではないが、よくはなってきた。プラスのスパイラルの歯車がかみ合っている感じがした。

ほんの少しでもいい風が吹いてきたら、僕はそれを口に出していた。そうすることで自分の士気が上がり、それを受けてさらにその風が大きくなっていくと感じたから。

人に言うことによってテンションが上がるし、さらなるプラスを作らなければといういいプレッシャーにもなる。こうして一つ一つ高めていこうという考えになった。

もちろん、全然まだまだだというシーンがたくさんあるのだが、駄目なところよりもいいところを見るという目線を持てている間は、前のような状態に陥ることはなくなった。なくなったという言い方は言い過ぎかもしれないが、かなり激減したことは確かだ。

人は、失敗するとやはりマイナスのほうに目が行きがちになってしまう。そんな中でも何かプラスを見いだすことは、思った以上の効果を生むということを覚えた。自分もそれができるようになりたいと思った。

うまくいったときに時折現れた天狗病は、僕の周りの人に常に鼻を折ってもらうという技で妖怪にまで成長することはなかった。特にマネージャーの片山さんはそれをやってくれた。

しかるのではなく落胆するという方法で僕を鼓舞する。

「山ちゃんはそんなことしないと思ってた。ごめん、期待しすぎた」

この言葉が一番きつかった。片山さんは本当に日々期待してくれていて、その期待に応えたときに喜んでくれたし、その期待とともに僕の成長につながる仕事を持ってきてくれていたから。

全力で愛してくれた人の失望はどんな言葉よりも怖かった。

さて、ここから順風満帆と行きたいところだが、やはりこの世界はそんなに甘いものではなかった。

しずちゃんへの嫉妬

これは完璧な復活ではなかった。この「頑張る」と決めた気持ちのうまい使い方が、まだできていなかったのだ。

前のコンビで学んだことをすっかり忘れてしまっていた。

相方に対して厳しい目を持つようになった。もともと口数の少ない相方、収録で喋らないことが多々あった。

ネタ合わせも全然ネタを覚えてこない。口を開けば「自分のペースでやりたい」と言う。訳のわからないサボる理由を正論にしてダラダラやる。僕はそれに怒りを覚え、彼女にぶつけていた。それでコンビは成長していると思っていた。

その怒りにさらに油を注ぎ続けたのが、しずちゃんの華々しい活躍だった。ドラマにCMに見ない日はなかった。

自分は努力しているのに苦しんでいる。それなのに、努力しない相方が芸能人ぶっている。

この気持ちが南海キャンディーズ暗黒期を作ることになった。

僕は相手に強制的に努力をさせようとしていた。1日5個「大きい女の子あるある」を提出してこいという宿題を出した。もちろん絶対コンビとして役に立つことだという気持ちもあった。しかし今だから言えるが、あの当時は少しでも向こうから芸能人的な時間を奪いたいという思いもあった。

僕は向こうが有名人とご飯に行ったり海外旅行に行ったりという話が大嫌いだった。まだ芸能人気取りするには早いだろ、もっと努力しろよ、ともっともらしく怒っていた。嫉妬が大きかったくせに。でもそうじゃないと自分に思い込ませるように、宿題とし

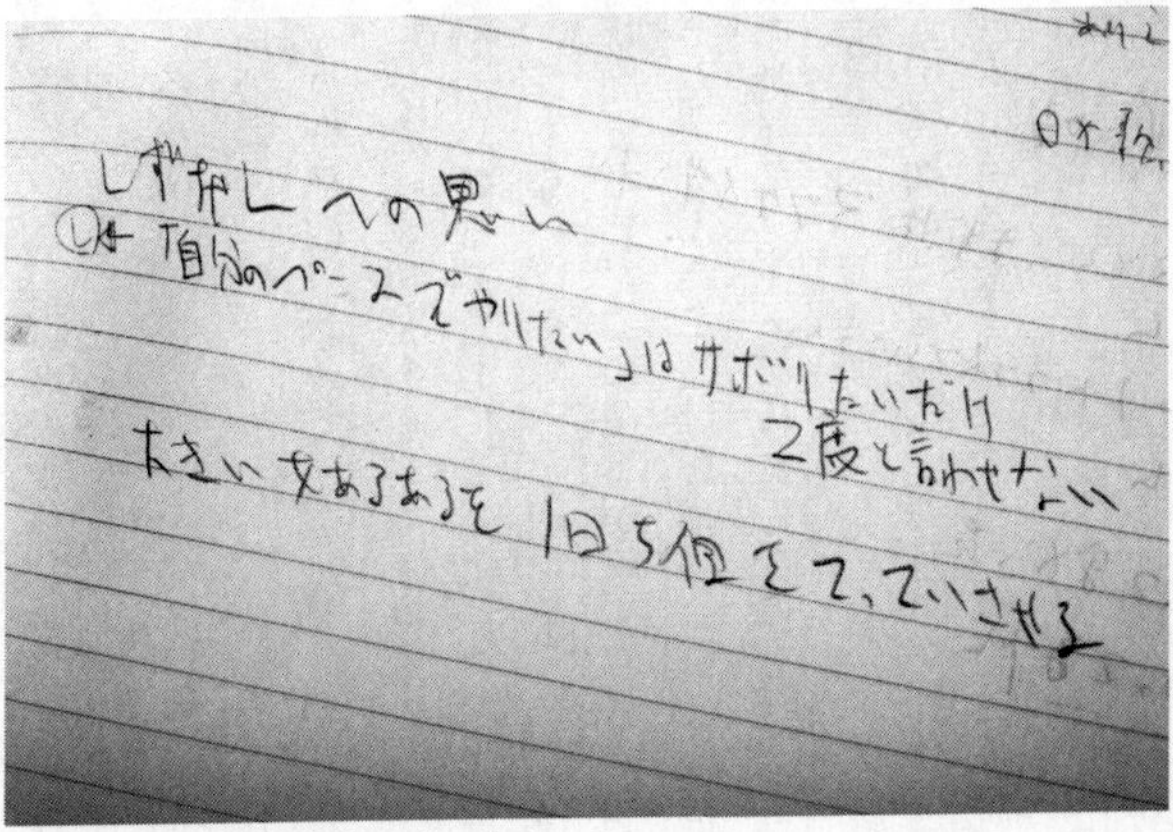

しずちゃんへの要求をつづったノート

て時間を奪うということをやった。

自分でもひどいと思ったのは、しずちゃんが海外旅行に休みを使っていくと聞いたとき、嫉妬に狂った僕は、女芸人さんのネタをＤＶＤに入れまくって相手に渡した。そして冷たく言い放った。

「これ向こうで全部観ておいて。遊んでる間に、自分がこの人たちにどこが勝ってるのか、考えて。あと、海外旅行行くならエピソードトーク20くらいは持ってきてよね」

向こうは心から嫌な顔をして受けとった。そりゃそうだ、楽しい海外旅行への水の差し方としてハンパない。今思うと逆にやられたら即解散だと思う。ごめんなさい相方。

しかし当時はまだまだこの山里が続く。自分たちの冠番組で1回も話を振らないなんてこともあった。そんなことはお構いなしに相方は売れていった。

当時、僕の地獄のノートにはこんなことが書いてあった。

「いつでも捨てられる準備を」

「相方が遊んでる間にエピソードを作り、1人で発表する場を作る」

「もう助けない。一言もしゃべらなかった日を作って自分で反省させる」

「相方を見て知った、力のない人間が芸能人ぶることの愚かさを」

嫉妬と焦りでどうにかなってしまいそうだった。

そこに来たのが、しずちゃんへの映画『フラガール』のオファーだった。最初、マネージャーから僕だけ呼び出された。そして「しずちゃんにおもしろい映画の話が来てるけど受けていいよね?」と聞かれた。僕はすぐに答えた。

「それ、まだ本人知らないんですよね? じゃあここだけでその話終わりにしましょう」

クズです。自分で書きながら引いてます。この本が池井戸潤《いけいどじゅん》さんの本ならすがすがしくどこかでやられているはずです。ただこちら山里による自叙伝です……。ぞっとします。

そしてその会議は終わり。結果はご存じの通りしっかりとマネージャーは伝えていたようです。

さらにここから相方がボクシングを始めるという事態に……。芸事もしっかりできていないのに趣味に没頭する。また僕の怒りの炎は燃え盛る。

このときは、この暗黒期を終わらせてくれるのが、まさかこのボクシングだとは思ってもいなかった。

最悪だったコンビ仲が

「南海キャンディーズしずちゃん女子ボクシングでオリンピックを目指す」

急に飛び込んできたニュースだった。不思議だと思うかもしれないが、本人からではなくニュースで知った。

このころコンビ仲は最悪、そして僕がボクシングを始めたことに激怒しているのはマネージャー経由で伝え済みだった。そりゃ言えない。

とにかく驚いたが、ここで怒りを一つ減らすことができた。オリンピックは、コンビとして大きな武器となるトピックスだ。今までは趣味として時間を使っていたものが、僕の動き次第では仕事になる。僕はそのために、事あるごとにしずちゃんのオリンピック挑戦を話題に出した。

しかしそれが相方には本当に不快だったようだ。

「仕事になったとたんに応援を始めて……」

露骨に嫌がっていた。でもこっちからすれば、趣味でやって顔腫らして仕事に来られていたときの怒りを持っているわけだから、そんな相方の怒りは余裕で自分の中で相殺していた。いや、まだ相殺しきれていないと、この間も僕の怒りをもちろんしずちゃんにぶつけ続けていた。

そんなある日、僕はお世話になっている先輩のメッセンジャーあいはらさんに呼んでもらった新年会で、日ごろの相方への怒りをぶちまけていた。

するとあいはらさんは「もう我慢できん」と言うと続けて僕に言った。

「お前がひどいことしてるのは知ってた。でも、あの子がいなくなったらお前は駄目だ。だから、勝手ながらあの子に『お前と解散しないでくれ』って言ったんや。そしたらしずちゃんなんて言ったと思う？『私から解散を言うことはありません。私は山ちゃんが拾ってくれたから今ここにいるのはわかっているし、山ちゃんからは言われるかもしれないけど、私からは絶対にありません』って……お前どうするんだ？」

僕は声が出なかった。理由はなぜだと思いますか？　反省？　違います。

「自分ばっかいい格好して、ずるい」でした。

この瞬間だけでしたが、我ながらクズだなと思います。ただ、そこから聞いたいろいろな話によって、さすがにクズな山里も考え直してきます。

例えばフラガールのエンドロール、しずちゃんの名前の横には「南海キャンディーズ」と入っていた。それはしずちゃんの要望だったという。自分は南海キャンディーズの看板だからこうやって名前を少しでも見てもらえるように……って。

書いていてどんどんと自分が恥ずかしくなってきます。こういうふうに向こうの気持ちを少しずつ知っていった。

正直、自分の取っていた行動が相手に対してひどいことばかりだったから、僕は嫌われていると思っていた。僕の言ってることなんて全無視していると思っていた。だからイライラしていた。でも違ったのだ。

ボクシングはオリンピックを目指すということで過酷を極めていた。時々楽屋で汗だくで倒れているときもあった。舞台の合間に走り込みに行っているときもあった。しかしそれを受け入れられるようになった。

それはしずちゃんからある言葉を聞いたからだった。

「ボクシングをやって、山ちゃんが言ってた『全力でやれ』って言葉の意味が、本当に自分はできてないんだってわかった」

自分の中で何かが変わった瞬間だった。

僕のことなんか一つも聞かず、ただ自分だけ楽して売れてるから努力をしないと思っていた。それでも売れるという才能にいらだっていたのかもしれない。

なぜいらだつ必要があったんだろう。

その才能が横にいてくれなければ、僕には何もなかったのに。

そこからは徐々に自分を直していった。わざとらしいくらい相方のおかげと言い、自分に言い聞かせていった。結果、関係性は修復していった。変な話だが勝手に敵だと思って接していたが、もちろんそれは大きな間違いで、改めて味方として思えるようになった。

それでも向こうに努力が足りていないと思えるときは多々あった。でも気づいた。努力は外部からの指摘ではしようとならない。内から呼び起こさなくてはならない。

だから僕は自分が努力することで、焦りを向こうに生ませ、努力してもらう方向をとった。

それは、ゆっくりだが功を奏してきた。ただ、これはまだ冷たい作戦だった。しかしゆっくりとではあるが、南海キャンディーズは距離を近づけ、変わろうとしていた。

そんな時期だった。

だからこそ出たのだろう、相方から「M-1にもう一度出たい」という言葉が……。

「M-1に出たい」

ありがたいことに仕事をいただき、僕は充実した毎日を送っていた。自分の大好きなライブも定期的にやれて、さらに大きい会場での1人ライブも成功した。正直この方向で精進していくことが自分にとって一番いい形なのでは？と思っていた。

しかし、その時期にマネージャーから相談を受けていた。「しずちゃんがM－1に出たいと言ってる」と。

僕はいろいろな理由をつけて、その話題を流し続けていた。勝手なもので、自分の努力を見せつけることで相手の気持ちを刺激しようという作戦は、結果として自分自身を最高の状態に導いてくれた。自分が楽しい仕事をたくさんできるようになった。努力の仕方も明確に見えてきて、楽しくて仕方なかった。

そんな中、M－1に向けてのネタ作りとネタ合わせ？　どこかで自分の中で振り切れなかった。

ある年、そうやって逃げ続けていたM－1で同期がめちゃくちゃ笑いを取っていた。格好いい、心から思った。

そんな思いにいたった2015年の暮れ、自分がやっている深夜ラジオ番組「不毛な議論」のゲストに相方を迎えることになった。これは今では当たり前になったが、昔は、「相方は絶対僕のラジオには呼ばない」と会社に言っていたくらいだった。だからゲストに呼ぶというのも徐々に南海キャンディーズが変わっていっている証拠だった。

しずちゃんは電話での出番だったが、ラジオの放送中にM－1に出たいかの意思を確認しようと思った。

答えは知っていた。僕は完璧に退路を断つことにした。

相方は「うん、出たい」といつもより少しだけ、ほんの少しだけ高い声で答えた。

再びM‐1に挑むことが正式に決まった。

M‐1に再び挑戦する……、この言葉を発するときは高揚感が大きかった。自分たちは格好いい芸人になれている！という思いの強さが、襲ってくる恐怖を隠していた。

劇場出番の少なさから来る、漫才のレベルの圧倒的な低さ、ネタ数の少なさ、スケジュールを見て気づく、本番までに舞台に立てる数の少なさ……。

周りの温度と期待感はガンガンに上がっている。しかし応えられる根拠がない……。ネタを作ろうと机に向かった時に一気にその思いは膨れ上がり、後悔に近いものを感じ始めた。

しかし、退路は断たれた。やるしかない。

今回の挑戦で大きな自信になったのは、「お互いが離れていたときにつけた力を漫才に取り込んで、今だからできる新しい南海キャンディーズの漫才で勝負する」だった。

みんなが劇場で漫才をやっていた分、僕はバラエティーやラジオ、ソロのライブで力をつけていたはずだ。そこに相方のボクシングやドラマでの表現力を取り込んだ漫才を作ればいける……ってどうやるんだ？

悩みに悩んだ挙句、ノートには訳のわからないネタができあがり、相方に渡してネタ合わせをしても「これはおもしろいのか？」という空気が蔓延《まんえん》した。向こうは作ってない手前何も言えないけど、納得していない空気はすごく出してくる。それに対して僕は、ネタ合わせを中断して逃げるように作り直しに帰る。

帰って机に向かうもどうしようもない。試験前にあるサボりの誘いの数々「いったん軽く寝てスッキリさせてからやろう」が襲ってくる。布団に入る。

自分でこれはマズいと思い、今回のスタートのときに描いた明るい未来を思い返す。今ここで寝ることで、そんな未来が壊れてしまうかもしれない。そんなところまで考えて布団から飛び出す。

自分の頬を何度も引っぱたいている夜もあった。眠気を飛ばすためなのか、よくわからない。「何やってんだよ！」と1人叫びながら自分の頬を自分で引っぱたいているときはどうかしてると思った。

結果、1回戦は昔からやっていたパターンのネタをやることになった。ツッコミの中には、僕のこのとき受け入れられていた毒っぽい要素を入れるなどして探って見た。

周囲からの攻撃的な言葉

1回戦の舞台袖で吐きそうなくらい緊張していた。再挑戦するからにはそれなりのネタあるんだろ?という目で見られているような気がしていた。

あったら何てことはないのだが、ないものだからその勝手に作った目線が怖かった。

地下にある劇場でお客さんは数十人、緊張を全て身にまとったまま舞台へ。

その証拠として、両手を上げるタイミングを忘れて、相方に直前で聞くというハプニングもあった。

舞台に出るとお客さんは温かい拍手をくれる。その拍手と摑みに対する笑い声で少しずつ緊張が溶けていった。

しかし、そのできは決していいものではなかった。声は震え、ところどころセリフを噛んだ。しかし、戻ってきたことへのご祝儀か、お客さんは笑ってくれた。

舞台を降りたその瞬間、真っ先に相方に頭を下げた。

「ごめん、緊張しすぎた」

相方は笑いながら「ほんまやで」と返してきた。昔なら絶対なかったやりとりだった。

結果は合格。しかし、この発表でさらに緊張してしまう自分が少し情けなかった。

そこに行くまでに、後輩が自分たちのインターネットの番組で僕らについて悪く言っているのも聞いた。

「南海キャンディーズのネタ見たけど、なんでわざわざ出てきたかわからない。別に新しいこともしてないし、まぁ、まだ温存してんのかな？って感じ」とニヤニヤしながら言っていた。

確かにそれを言わせてしまうようなネタだったかもしれない。でもやっぱりムカつく。

とりあえず僕は〝地獄ノート〟を開けて思いを書きなぐった。そのノートには殴り書きのような感じでこう書かれていた。

「南海キャンディーズのネタが大したことないと言ってきた○○（コンビ名）‼ 何様だ⁉ 俺とお前、どっちの耳がここまで笑い声聞いてるかって俺だからな！ クソが！お前のことを考えるのは一生で今日だけにする！ そしてお前になめられたのを怒りにめちゃくちゃ頑張れる。お前のおかげでサボらなくて済んだ。ありがとう！ この日を最後にお前のことに時間を使うことはない！ 怒りで頑張るというガソリンに変化してくれた料金としてこの時間は使ってやる」

2回戦へ臨む前になんとか舞台も入れてもらうが、納得のいくものができない。

ちらほら聞く攻撃的な言葉、有名税での合格、わざわざ戻ってきた割にネタの変化がない！といった声……。

なのに反論できるほど自信がない。自信をつけなければ！と自分をサボらせないように頑張る。言われた文句を紙に書いて机に貼った。舌打ちをして、大声で悪口を言ったら頭はスッキリする。

そこからは総力戦。ラジオの仲間に手伝ってもらって、舞台でできない分ラジオの放送前にスタッフさんに見てもらい、アドバイスをもらう。みんなで作り上げていった。なんとか新しい形が見えてきた。そして、自分の中で新しい南海キャンディーズができた！

それは山里の毒をベースとした漫才、僕がテレビで培ったものをフルに出す漫才、そこにしずちゃんの女優の感じを出したもの。

僕の苦手な人間のタイプをしずちゃんに演じさせて、そこに僕がツッコミという形で毒舌を重ねていくという漫才。

僕が大好きなネタだった。

「死んだ！」

準決勝、相方は舞台で直前まで北海道にいた。戻りはギリギリで、最後の出番ならなんとか間に合う。

僕はネタ合わせの時間を作るために羽田空港で待った。着替える時間もないので衣装のまま羽田空港の到着口で1人座ってネタの確認をしていた。到着予定時間を少し越えて、相方が衣装を着たままダッシュで出てきた。そのままタクシーに乗り込み行き先を伝えるとすぐタクシーの中でネタ合わせをした。

運転手さんはどう思ったんだろう。いきなり乗り込んだ客が、まっすぐに前を向きながらしゃべりまくった姿を。

そして準決勝の会場に到着し、そのまま舞台に出た。そこには満員のお客さんがいた。そしてそのお客さんは僕らを受け入れてくれている感じがする。それは拍手と歓声で伝わってきた。

拍手の音が、僕には「よく南海キャンディーズ帰ってきたな！ お帰り！」「お前たちは漫才師だ！」と言ってくれているように感じた。幸せだった。

あまりの嬉しさに涙が込み上げてくる。ポーズを決めたときの歓声で涙があふれてきた。手を下ろしたタイミングでわき腹をつねり涙を止めた。

その思いに応えたかった。

ネタはウケた！ 明るい光が僕に差してきていた。しかし相方は違ったようだ。自分がボケというボケもせずに、フリになっていることへの違和感。なのに作っていないから言えないという窮屈な感じ。

それが結局ネタのクオリティーを上げ切ることもなく、結局時間切れで終了。

そこで今でもなんでかわからないのだが、時間切れで暗転していく中で、台本にもない勝手なセリフを大きな声で言っていた。

「死んだ！」

きっとそのときの気持ちだったんだろう。スケジュールの都合上、僕らはここで負けたら終わり。本来チャンスが与えられる敗者復活戦は、相方の舞台の日と重なって出ることはできないのだ。

結果、僕たちのＭ-１グランプリ２０１６は終わった。

しずちゃんの涙

Ｍ-１グランプリ２０１６が終わってラジオのゲストに相方がもう一度来た。ラジオは全編漫才をするという企画だった。僕は台本の最後のボケを決めていた。

山（めちゃくちゃなことを言うしずちゃんに）もうめちゃくちゃだよ、こんなんじゃ

南海キャンディーズおもしろいってならないよ
し　大丈夫や、来年のＭ‐１でもっとおもろいネタやったらいいやん
山　もう！

こうしてすぐに次のＭ‐１参戦を決めた。

その大きな理由の一つになったのは、準決勝のお客さんの拍手だった。あの瞬間、僕たちは本当に幸せだった。芸人になれてよかったと心から思えた。そして、自分たちが思う格好いい漫才師になりたいと心から思った。だからもう一度狙うことにした。

やはりきつい戦いだったけど、圧倒的に舞台数が少なかったので、ほぼ新ネタを下ろすような形で挑んだときもあった。

周りを見るとほぼ全員後輩、そして後輩たちは圧倒的な舞台数を踏んでるので、その自信からかネタ合わせをしてるコンビがあまりいなかった。

彼らが談笑してる横でネタ合わせに行くのは恥ずかしいと思ったときもあった。そんな楽屋にいるのも怖くなってきた。非常階段にずっと座っていた。そこで隠れるようにネタ合わせをしていた。今年も、南海キャンディーズは有名税で勝ち残ってるといったことを言ってるコンビがいた。否定できなかったけど、それはもちろん見返してやると

いう燃料に変えて頑張った。

コンビで向き合い、なんとか時間を作ってネタ合わせをした。そしてそんな中で新しい南海キャンディーズの漫才の形ができた。

昔では考えられないくらい相方がネタ合わせの時間を聞いてくるようになったし、ネタも覚えてきていた。自分でボケを提案するようにもなった。僕たちは少しずつ成長していた。

結果は準決勝敗退。敗者復活も参戦したが、決勝へ行くことはできなかった。

敗因は、絵に描いたような僕の緊張だった。

ネタも自信あったし、相方は完璧だった。でも、正直ネタ合わせからあまりうまくいってなかった。緊張からくる早口がネタ合わせ中でも出ていた。

ネタ合わせをしてる近くのモニターから聞こえる爆笑の音が、さらに僕を緊張させる。

スタッフさんにコンビ名が呼ばれる。いよいよ舞台袖にスタンバイ。目の前では2組前のコンビが爆笑を取っている。

笑い声を聞くたびに心臓がきゅーっと締め付けられるような感じになる。僕はそこから逃げるように相方にネタ合わせを頼んだ。しかし、笑い声で集中できない。そしてそのせいで変なミスをする。焦る。僕たちの前のコンビが舞台に行く。心拍数がどんどん上がる。のどが渇く。口の中がからっからになる。

この感じから解放される方法を僕は一つだけ知っている。それは、前のコンビが失敗することだった……。けれど人生をかけて臨んでいる舞台、そんなことがあるわけもなかった。彼らもまた爆笑を生んで僕を苦しめた。

いよいよ南海キャンディーズ。緊張がマックスだった。

第一声「どーもー南海キャンディーズでーす」がいつもより高い声だった。大事なところで噛んだ。動揺して自信のあるツッコミを使えないところもあった。

でも笑い声が聞こえて、徐々に緊張は解けていった。完全に解けたのはネタの最後だったが、楽しい漫才ができたと相方も言ってくれた。

結果が出て、舞台袖ですがすがしい顔を演じながら「終わったなぁ」なんていって気持ちを片付けていた。

僕は今回が最後だと決めていた。会場の中で最年長で、それなのに誰よりも緊張してトイレに何十回も行き、自信にみなぎる後輩たちが談笑してる手前、ネタ合わせも隠れてやってる自分がなんか恥ずかしかったから。

それに、もうこのルールの中でじゃなくても相方とは漫才ができるようになってるという思いからそう決めていた。

ふと横を見たら、相方がボロボロ泣いていた。茶化す空気でもなかったのでそのままにしておいた。

相方もそうかと思っていたら、違った。

「もう一度あの舞台で漫才やりたかった……」

その自分の発した言葉で最後をリアルに感じたのか、言い終わって、より一層大きな声で泣いた。

その涙、戦いたかったんだな。

そう気づいたので、僕はもう一つの戦いを、コンビで一度しか切れないカードを用意した。それも逃げないようにラジオで発表することにした。

南海キャンディーズ初単独ライブ「他力本願」。

ずっと、僕が勝手に拒否し続けていた単独ライブという戦いだった。

初めて見た景色

普通、コンビなら結成した年に単独ライブを開催し、それからは年に最低1回やってネタをためていく。けれど僕らは結成してすぐ目標がM-1になり、そのために少ないネタでどうやっていくか？という戦い方を選んだ。ネタをたくさんの種類試せる単独ライブという選択肢はとってこなかったのだ。

さらに、ここまで書いてきたようにコンビは僕の一方的な嫉妬心から距離をとり続けていたので、単独ライブからはどんどん離れていった。

最もコンビの距離が近づく作業、それが単独ライブだ。今までの僕らなら無理だった。けれど戦いの場を求め続ける相方。そして、自分の足元をもっと確認しなくてはいけないと思った僕の気持ちがここでようやく重なった。

単独ライブ開催を発表してから、久しぶりに連日ネタ合わせで顔を合わせた。時には近所のカラオケボックスで合わせることもした。

お互い世間話から始まり、ネタ合わせをやりながらお互いのアイデアやアドリブに笑いながらネタ合わせをする。

2018年2月、単独ライブ当日。前日からずっと怖かった。会場は東京グローブ座という大きい劇場。ありがたいことに満席だった。

嫌なことばかり頭によぎる。最低のことばかり考えてしまう。

それを振り払うにはネタ合わせしかなかった。今回の単独は、南海キャンディーズ第2章スタートという意味を込めて、1発目のオープニングに僕らを世に出させてくれた医者のネタをやってスタートすることにしていた。

本番の時間が来た。相方は堂々と僕の前を歩いて行った。真っ暗な舞台の中にスタンバイする。

テーマ曲とともに幕が開く。目の前の満員のお客さんが全力で拍手と歓声を送ってくれる。その音で泣きそうになってしまって、僕は上を向きながらセンターマイクのもとへ向かった。

引っ込んだ涙がいろいろな思いを思い出させた。

今からやる漫才は、僕たちをこんな素敵な場所に連れてきてくれるなんてあのとき思っていただろうか？

そこからぶつかりまくって、時にはなんとしてでも相方をテレビでおもしろくないと証明しようとしていた自分、解散するために努力していた自分、そんなときもあったけど、僕は悩めるだけ贅沢な場所にいたんだ。

そのきっかけの漫才を、これからやろうとしている。

この漫才は横にいる相方がいなきゃ何も始まらないんだ。

ごめんなさい、ありがとう。

思うとまた涙が込み上げてくる。その言葉を飲み込んで声を出した。

「どーもー南海キャンディーズでーす」

そのあとに僕らを包んでくれた笑い声と拍手が、僕の夢を叶えてくれた。僕はずっと憧れていた。天才たちの見てる景色に。自分たちのコンビでは見ることができないと思っていた。

自分が楽しいと思っているときに笑いが起きる。その景色を見ることが、このコンビでできた。

僕は天才には程遠い。でも、そのスタートラインに僕たちが立てた。本当に嬉しかった。絶対来ないと思っていた、そんな日が来た。

でもやっぱり僕は天才にはなれない。でも、この事実をあきらめる材料にするのではなく、目的のために受け入れ、他人の思いを感じて正しい努力ができたとき、憧れの天才になれるチャンスがもらえる。

僕はまだまだ駄目なところがいっぱいあるが、この景色をもっと見られるように、走り続けていきたいと思う。

それでも、もし力が出なくなったときには、こんな偉そうに書いた本を退路に突き立ててもう一度頑張ります。

肝に銘じろ

・陰口言ってる奴らを恨む時間は死ぬ程ムダ!!!
あいつらのウイニングランになるだけ

、本当に嫌だ!←これを一回言って最後にする。こんな思いを1秒でもしないようにするためには圧倒的に努力すればいい。相手の粗を探してるのは勝ちではない。むしろ負けだ!これに気づかせてくれたという点ではあのクズも役に立った!俺の勝ち

、手を抜かれるほどなめられてるのは、相手に怒るのではなくて、まだその位置の自分に怒れ

ー目の前でこっちには挨拶するわけでもなく、ずっと座ってスマホみてたアイドルが、売れてるMC見つけた時にみせた立ち上がるスピードと、高い声を忘れるな

、眠くなったらあいつの笑ってる顔を思い出せ

、嫉妬は努力不足の時に襲ってくる。向こうが凄いんじゃない。自分が凄くないと思ってしまうような生き方をしてるからだ。

、人の失敗を探して心を落ちつけるのは、相手の失敗にプラスを生み出してしまう最悪の行動、相手はただ失敗しただけなのに僕の時間をうばうことに成功してしまう!!

、自分が何を思おうが、相手にはなんの影響もない!!

(目標)

他人からの

よく分からない批判に

屈しない位

自分に自信をもつ

解説
ぼくが一番潰したい男のこと

若林正恭

逆に、山里亮太を天才だと思わない人ってこの世にいるのだろうか。

試しに、「Twitter で「山里」「天才」と入力して検索してみるとかなりの頻度で山里天才祭りが開催されていた（こんなこと奴は一番言われたくないだろう）。

だがしかし、ぼくは山里亮太が「天才はあきらめた」と叫んでも「山ちゃんは天才だよ」と面と向かっては言わないようにしている。

負け顔をしたように見せてその言葉を引き出す。それこそが、奴の狙いだからである。

腹を見せてグラウンドに引きずり込む。山里関節祭りの開催である。

奴は「天才だ」と言われることを燃料に、更に努力のスピードを上げてしまう。

だから、奴が「天才はあきらめた」と言う時、ぼくは「そうなんですねー」と棒で返すことにしている。

もし「そりゃ天才だよ」と言ってしまうと、彼は勢いに乗り深夜ラジオやテレビ番組でその実力を更に発揮してしまうからである。

一番の友人にして、一番潰したい男。それが、ぼくにとっての山里亮太である。


そして、山里亮太よ。

何が「忙しい若林くんに解説を頼むなんて申し訳ない」だ。

また、グラウンドに俺を引きずり込もうとしているのか？

まあ、いいや。俺が書く理由はたった一つ、書かなかったらどうせ山里周りの人物が「山ちゃんは天才だ」と賛辞の嵐をこの解説に書くだろうからだ。

おそらくＴＢＳラジオの共演者か、ＴＢＳラジオのスタッフさんの誰かか、もしくは元マネージャーの片山さんである。

悔しいが、どうせそれが書かれるなら自分が書かなきゃ納得いかない。

あんたのその才能に、絶対俺が一番悔しい思いをしているからである。

ただ、山ちゃん。俺は今から「また、山里と若林のヌルい褒め合いが始まったよ」とヌルいラジオリスナーに言われないように全力で書くよ。

グラウンドに誘うべくリングに寝ている山ちゃんの顔面に、容赦のないストンピングを一発二発は見舞うかもしれない。

本文の余韻に浸りたい山ちゃんファンの方は、今すぐこの本を閉じて忘れた頃に読むことをお勧めします。


ぼくが初めて山里亮太を目撃したのは、多くの皆さんと一緒でやはり2004年のM-1グランプリである。

相方の家で先輩芸人数人と集まって見ていた中古のテレビデオのブラウン管の中に、スカーフを巻いた彼は颯爽と現れた。

「皆さん、その怒りのこぶしは日本の政治にぶつけてください」

漫才冒頭の、このワンフレーズの衝撃でぼくは吹っ飛んだ。

本文にも書いてあったが、当時男女コンビは珍しかった。

そして、当時のM-1グランプリには確かにお笑いマッチョイズムが蔓延していた。

そんな中、泥臭い掛け合いをヒラリとかわすゆったり目のテンポと優しいツッコミはとても新鮮に映った。

しずちゃんしか使いこなせない〝人〟が込められた言霊《ことだま》が放たれるやいなや、その抜群のワードセンスと間合いでそれを拾っていく山里亮太。

初めて目にする「否定や注意の向こう側」のツッコミに、何度も何度も度肝を抜かれた。

本当に真面目に、標準語のツッコミの歴史は山里亮太以前以後に分けられると思う。その頃仕事が何も無かったぼくは、彼のツッコミの虜になった。YouTubeで「山里亮太、ツッコミ27連発」という動画を繰り返し繰り返し何度も見た。そのズバ抜けた実力に、ぼくは彼を完全に先輩と思い込んでいた。同期と知った時の俺の絶望を知らないからこそ、「天才はあきらめた」なんてナメたことをぬかせるのである。

南海キャンディーズが初出場したM-1から、遅れること4年。

2008年のM-1グランプリで、当時の南海キャンディーズと五分（いやまたそれ以上の）インパクトを残してぼくのTVライフは始まった。

この作品を読んでいる間、実に似た初TVライフのもがきとあがきを経験したなと思った。

一見テレビに出始めて恵まれているように見えるかもしれないけど、本人にしたら一歩踏み外せば奈落の底に真っ逆さま。そんな、綱渡りのプレッシャーが続く毎日。

ぼくも、山ちゃんと同じように初めて経験するTVバラエティーのしきたりに右往左往していた。

その頃、ぼくは山ちゃんとコンビでやることになった後の「たりないふたり」という番組の総合演出である安島さんと出会った。

初めて経験するTVライフに対するぼくの悩みや愚痴を、安島さんは静かに受け止めてくれていた。

「テレビに出たての山ちゃんが言ってた悩みとか愚痴と全く同じこと言ってるよ」

ある時、安島さんはしみじみと言った。

「山ちゃんって、山里さんのことですか？」

あの山里さんと同じことを言ってるなら、自分はさほど間違っていないような気がした。

2008年。アメリカのドラマ「HEROES」の番宣番組の収録でぼくは初めて山里亮太に出会った。

「『山里亮太、ツッコミ27連発』の山里さんだ！」

でも、当時はぼくも人見知り全盛期。話しかけられるはずがない。

ぼくは、その頃憧れの先輩を見る目で奴を見ていた。一生の不覚である。

彼は、本当に温かい心でテレビ新入生のぼくたちの拙いボケを拾ってくれた。

そして、春日の「トゥース！」という難題にあれ程鮮やかにツッコんでくれた人は初めてだった。

これが、「吉本の実力者のツッコミか」と唸った。

収録後、山里亮太は関係者の方に「HEROES」のDVDボックスをプレゼントされていた。

「えー、いいんですか！　ありがとうございます！」

彼は、たいそう喜びながら手に取ったパッケージを眺めていた。多分演技である。

その後も、相変わらずTVライフの愚痴をぼくは安島さんに聞いてもらっていた。

「一度山ちゃんに会ってみたら？　話合うと思うよ」

「いやぁ、でも山里さんはぼくに興味ないと思いますから……」

憧れの漫才師という存在に、ぼくは慣れていなかった。

その数週間後、ついに安島さんが立ち上がった。

中野の古民家風の居酒屋の個室で、安島さんが坂本龍馬になり、桂小五郎であるぼくとせごどん（山里亮太）は出会ったのである。

その席で、年齢が一個上なのでずっと一年先輩だと思っていた山里亮太が初めて同期だということを知った。

愕然とした。

こんな天才が（あ、最後に言おうとしてたのにもう言っちゃった）同期にいるのかと。

安島さん、教えといてくださいよ。ぼくや山里さんのような、芸歴を言い訳として大事に持っている輩は、その1年2年がものすごく重要なんですよ。

ぼくは愕然としながらも気持ちを立て直し、「山里亮太、ツッコミ27連発」を繰り返し見ていたことを話した。

彼は、呆気にとられた顔をしていた。

あのツッコミをする芸人なのだから、吉本内でさぞ後輩に尊敬されているのだろうと思いきや彼は全くそういう感じではないらしいのだ。

（あの実力があって慕われていないとなると、よっぽど人望がないのだろう）

心の中で、そんなことを思った。

皆さんは、人見知りと人見知りもしくは陰湿と陰湿が出会うと、社交的な人同士の数倍のスピードとパワーで意気投合することをご存じだろうか？

山里さんとぼくは「楽屋にいるのが嫌」という話で異常に盛り上がった。「飲み会が嫌い」という話でも、飲み会の最中に盛り上がった。

それを安島さんは、微笑みを浮かべながらニコニコと眺めていた。

それまでのＴＶライフで感じていた孤独や疎外感が癒され、ぼくは山里亮太とハグしたい気持ちになった。

だが、夏場ということもありファミコンのカセットがプリントされた彼のＴシャツが若干汗ばんでいたのでそれはやめておいた。

山ちゃんも「芸人で打ち上げが嫌いな人に初めて会った！」と、違う星で同じ地球人にでも会ったかのようなテンションで喜んでいた。

ぼくは、どきどきキャンプの佐藤満春以来の飲み会嫌い星の住人と出会った（サトミツも、この後たりないふたりのスタッフとして入った）。

こうして、スケールがだいぶ縮小版の薩長同盟（たりないふたり）は結成されたのである。

今思うと、全て安島さんの策略通りであったのだが。

「声を張って前に出る」「飲み会大好き」であることが是とされていた当時の幕府（お笑い界）を革命すべく、初のたりないふたりのライブは2009年8月に開催された。

その時、初めて山里亮太と漫才をした。

ネタ作りや稽古の段階から「やる気と集中力のある人とやるとこんなに捗《はかど》るのか！」と、驚いた。

なんせ、ぼくの相方は春日である。

山ちゃんは、ネタを出す量、稽古をする時間、どれをとっても破格の熱量だった。

本番。

初のたりないふたりの漫才の出来に満足して、ぼくは舞台を降りた。

すると、山里さんが袖で口を開いた。

「あそこ、ごめん！　もうちょっと間をとった方が良かったよね！」

と、ぼくに何度も頭を下げるのである。

ぼくは、どの部分のくだりか正直分からなかった。

その後、この現象は恒例となった。

TV収録のカメラが入った漫才の収録の後、すぐ舞台に出て行ってフリートークをす

る段取りの時の僅かな暗転の時間でも、

「若林くん、ごめん！　あそこ、早めに入っちゃった！」

袖で小声で謝ってくるのである。

そして、本番が終わると必ず苦しそうな顔で反省する。

密かに、ライブ後の山ちゃんを励ます担当のスタッフがあてがわれた程だった。

たりないふたりで２ｄａｙｓのライブを開催した時、初日が終わって打ち上げをしている間、彼はずっと両太腿を激しく動かし貧乏ゆすりをしていた。

最初、太腿と太腿の間にちんちんを挟んで自慰行為をしているのかな？と思った。

すると、突然山ちゃんは「今日の手直しをして明日の準備をしたいから、先に失礼していいですか⁉」と叫んだ。

それを、横で聞いた安島さんは慌てて注文したジャンバラヤをかきこんで、一緒に帰って行った。

翌日、ブラッシュアップをしたネタを見事に披露していた。

だが、その日の夜の打ち上げでも反省点を口にしながら焼酎を飲んでいた。

後々気づいたことなのだが、山里亮太は99％の成功があったとしても1％のミスに注目する。

彼は、その1%のミスと今も毎日毎日格闘している。

その1%を帰り道で反芻し、苦悶する。

家に帰ってからはノートやパソコンに反省を書き出す。

その後、今後同じシチュエーションになった時の対策を書き込む。

そして、次の日の仕事のプランを練ってから自慰行為をしてようやく朝方に眠るのである。

彼の家に行った時、机の前の壁に「他の人たちがコンパをしている間に、一つでも新しいワードを生み出す」と書いてある紙が画鋲《がびょう》で止められていた。赤色のボールペンで書かれていたので、さながらダイイング・メッセージのようであった。

これだけテレビに出ているというのに、奴のストイックさはどこからやってくるのだ(それは、本文中にしっかり書かれていたが)。

彼のパソコンのお気に入りに「中野・高円寺手コキ店情報」が入っていたことが、せめてもの救いであった。

話を戻すと、たりないふたりの漫才は当初Wツッコミというコンセプトだった。だけど、彼の横でぼくは気づいていた。ツッコミのワードの切れ味で、彼にまるで歯が立たないことに。山里亮太も出演していた数組の芸人との番組収録が終わった後、ぼくはテレビ局の廊下で先輩芸人にこんなことを言われた。

「若林くんってツッコミでうまいこと言おうとするけど、山ちゃんみたいに笑い取れてないよね」

自分で薄々気づいてはいたけど、いざ言われると落ち込んだ。芯を食うにもほどがあるよ、鈴木拓さん！

こんなことがあったから、山ちゃんが「天才はあきらめた」なんて言うとぼくは頭に来る。

「俺は天才だ」と、言い切ってくれないと浮かばれない。

地元の女友達が、久しぶりに集まった居酒屋で言った。

「若林くん、山里さんと仲良いんだよね？　山里さんの一言って本当におもしろいよね。

絶対、笑っちゃう」

そんな言葉にも傷ついて嫉妬していた時期がある。

それから、ぼくは「その方がわかりやすいから」という理由でたりないふたりの漫才ではボケを担当させてもらうよう直訴したのだ（山ちゃん知らないでしょ？）。

そして、オードリーの漫才でも語彙力やワードのチョイスのセンスを軸にしたツッコミはやめた。

「うるせぇな！」や「やめろ！」のような第一次的な感情でのツッコミにシフトチェンジした。

ワードでは絶対に山里亮太には勝てないから。

多分、今後も誰も勝てない。だって、山ちゃんはパイオニアだから。フォロワーは誰も追い抜けない。

「天才になりたい」ともがいている間に、誰かに引導を渡していることに天才は（また言っちゃった）多分気づかないのである。

こんなぼくだが、いろんなタイプのテレビ番組の収録を経験した自負はある。

その上で、責任を持って言うが芸能界で山里亮太よりコメントを拾うのが上手い芸人にぼくはマジで会ったことがないのである。

これは（※個人の感想による）のだろうか？

皆さんも、普段テレビを見てライブで彼を見てそう思わないですか？

他者のコメントを聞いた後の、頭の回転・語彙力・間。ぼくはマジで彼の脳幹か言語野には何らかの異常があると思っている。

確かに、山里亮太の努力は尋常じゃない。だが、努力という言葉だけでなくて脳に異常な発達とかがなければ、あの現象や状況を言語化する時に引っ張ってくる言葉の質とスピードは理解ができないのである。


そして、もう一つ。

意外かもしれないが、山里亮太はヤンキーである。

学生時代ヤンチャであったということではなくて、内面がヤンキーなのである。

先輩であれ後輩であれ、牙を剝いてきたものを許さない。

特に、彼の自信をカツアゲしようとする輩を許さない。

ちゃんと喧嘩してしまうのである。

ただ、彼は実際のボディコンタクトは苦手である。

彼の戦い方は、皆さんもご存じの通り深夜ラジオやライブで吊るし上げるという遠隔操作型の戦争だ。

前に、今一番尖っている人は誰だ？という議題でテレビスタッフの人と話していたのだが、満場一致で山ちゃんとなったことがある。

あんなに普通にラジオで悪口を言って、普通にシメられた話をぼくは聞いたことがない。

実際、ヤンキーの素養はあるのである。

千葉出身だし（千葉の方すみません）、お父さんは元ボクサーだし、書いていいかは分からないが彼のお兄ちゃんは地元では有名な「クローズＺＥＲＯ」だったのである。

山里亮太は、武闘派の遠隔操作兵なのである。

２０１７年８月。彼の単独トークライブが行われる後楽園ホールに足を運んだ。

トークをしながらリング上をのたうち回り、ロープを掴みながら怒りをぶちまける彼の姿を見ていて気づいたことがある。

彼は何も隠さないのである。

日々の仕事や生活で負った傷を、彼は隠さずに見せる。

格好いいところだけじゃなく、耳を塞ぎたくなるような情けない話やみっともない姿も見せてくれる。

そういう血まみれになりながら闘っている姿を、ファンの皆さんは信頼しているのだろう。

そういう人間は信用される。

あんなにリングの上で喋るのが似合う芸人は、他にいない。

その姿は、デスマッチレスラーのようであった。

そういう血まみれの必死の姿が、本文中にもあったような「良い出会い」を引き寄せるのではないだろうか。

ライブ終了後の後楽園ホールの楽屋裏の廊下には、彼を慕う関係者が行列を作っていた。

その後方に並んでいると、ライブ後でキラキラしている山里亮太が関係者と談笑している姿が目に入った。

ぼくは、「お前は一生独り者だ」というメッセージが込められた一人分のお茶碗と一人分の箸の土産をスタッフさんに預けて山ちゃんに挨拶せずに帰った。

ライブを見て本当悔しかった。

一つは、彼の尽きない怨念のパワー。

あんなに素敵なご両親に愛されて育ったというのに、あの世の中への怨念はどこから来るのだ。

無法地帯のスラムで育っていないと辻褄があわない。

ムカつく共演者、街のカップル、SNS上のイタい人。

それらを、毒牙にかけるパワーは衰える気配がない。

その分野でも勝てないから、ぼくはゴルフを始めたりキューバに行ったりランドクルーザーに乗ったりしていることに山里は気づいているのか？

そして、それよりももっとぼくが山里亮太のライブを見て悔しかったことがある。

トークの内容も、相変わらずの語彙力と知識量ももちろん嫉妬の対象だったが、何より「傷を隠さない」その生き様を見せつけられたのが悔しかった。

ぼくはプライドが高いから、傷をさらけ出すことができない。

「山ちゃん、山ちゃん」とスタッフさんに慕われる赤メガネ。

ぼくのような人間にも、満面の笑みで話しかけてくださる素敵なご両親に愛されている赤メガネ。

マツコさんや千鳥さんに愛されている赤メガネ。

後輩に誕生日を祝われる赤メガネ。

片山さんに「本当しょうがない奴ですわ」と言われながら愛される赤メガネ。

そんな赤メガネを、嫉妬の眼差しで見ていた時期もある。

だけど、今は山ちゃんが愛される理由がよくわかる。

それでも、ぼくには一分の優越感があった。

そのジャンルは「利他的な愛」である。

山里亮太は、嚙みついて自己否定を感染させようとするゾンビに常に追いかけられている。

そのゾンビから努力という全力疾走で逃げ続け、気づいたら先頭集団を走っていたという「犬に追いかけられるのび太的な一等賞」なのだと思っていた（山ちゃんごめん！）。

常にゾンビを見ているから、他者に対する興味はあまりないと高をくくっていた（山ちゃんごめん！）。

だが、こないだ南海キャンディーズがとある番組に出演していたのを観た時ヤバいと思った。

しずちゃんへの眼差しが、愛と感謝に満ち溢れているように感じたのである。

それは、この『天才はあきらめた』を読んで確信に変わった。

いや、彼は元々先輩・後輩想い。お客さんに対してもぼくとは比べものにならないほど丁寧に接する。それに、ぼくが番組で雑ないじられ方をされていたりするのをテレビで見るとLINEを送って来る。

「俺、あいつ許せない。悪い評判流すから任せといて！」

そんな、よく分からない成敗を提案してくれたりする所があった。

だけど、その一段上の愛とか感謝みたいなものをしずちゃんや彼の「140」というライブのお客さんに向けているのを感じたのである。

妖怪が愛を知ったら、どの物語でも感動が止まらない。

山里亮太が、ついにグラウンドだけでなく立ち技もタッグ戦もバトルロワイヤル形式の試合でも今まで以上に強者《つわもの》になってしまう。

彼が、愛をさらに膨らまし伴侶を見つけでもして、人情系あったかMCになるのがほくは怖い。

それだけは、阻止しなければならない。

みんなで監視しないといけない。

だけど、彼はこれからも変わらず追いかけてくる自己否定ゾンビから目を離さないだろう。

そして、その苦行のような、生き甲斐のような努力をやめないだろう。

彼が言われたら一番困る言葉であり、一番言われたい言葉をもう一度言おう。

「山里亮太は天才である」

天才とは、尽きない劣等感と尽きない愛のことなのだから。

そして、得てして天才は自分が天才だと気づかない。

ダメだ。たりないふたりの漫才がやりた過ぎる。


（わかばやし　まさやす／芸人）

JASRAC 出 1806694-806

天才《てんさい》はあきらめた

朝日文庫

2018年7月30日　第1刷発行
2018年9月30日　第6刷発行

著　者　山《やま》里《さと》亮《りよう》太《た》

発行者　須田　剛
発行所　朝日新聞出版
〒104-8011　東京都中央区築地5-3-2
電話　03-5541-8832（編集）
03-5540-7793（販売）

印刷製本　大日本印刷株式会社

Published in Japan by Asahi Shimbun Publications Inc.
定価はカバーに表示してあります

ISBN978-4-02-261936-5